DE PRINCIPIANTE A PRINCIPIANTE
SOLOS CONTRA EL MERCADO

HERRAMIENTAS PARA HACER DE TU
TRADING UNA DECISIÓN ACERTADA

Alberto J. Labajo

alberto.j.labajo@gmail.com

Primera publicación en 2021 (España)

Copyright © 2021 Alberto J. Labajo Mingorance

Todos los derechos reservados. Ninguna parte de esta publicación puede ser reproducida ni almacenada en un sistema de recuperación, o transmitida, en cualquier forma o por cualquier medio, sin el permiso previo por escrito del autor, ni circular de otra manera en ninguna forma de encuadernación o cubierta distinta de aquella en la que originalmente se publica y sin imponer una condición similar al comprador posterior.

Labajo Mingorance, Alberto J.

De Principiante a Principiante: Solos Contra el Mercado. Herramientas para Hacer de Tu Trading una Decisión Acertada.

ISBN: 9798489176408

Diseño de portada por Alberto J. Labajo Mingorance

AVISO DE RIESGO

La inversión de capital a través de los vehículos de inversión, de CFDs, ETFs, futuros y el resto de los derivados o instrumentos financieros mencionados en este libro son productos difíciles de entender. La CNMV (Comisión Nacional del Mercado de Valores en España) considera que no es adecuado para inversores minoristas debido a su complejidad y riesgo. Algunos de estos productos son apalancados y las pérdidas pueden superar el capital inicial invertido. Estos productos pueden no ser convenientes para todos los inversores. Por favor, asegúrate de comprender completamente los riesgos que conllevan. El *trading* de estos instrumentos financieros es una actividad con riesgos. Este libro no debe tomarse como un consejo o recomendación real de inversión, ya que solo representa la opinión del autor. La información que contiene puede cambiar con el tiempo, por lo que el autor no es responsable de dichos cambios. Este libro tiene fines meramente divulgativos, informativos y educativos.

*A mi pareja, Virginia.
No encontrarás solución a todos tus problemas, pero todas las soluciones son ella.*

ÍNDICE

PREFACIO 11

EL FUNDAMENTAL 15

    INFLACIÓN, DEFLACIÓN Y OTROS ARTÍCULOS DE OCASIÓN 25

    DEUDA "BUENA" – DEUDA "MALA" 31

    CONTABILIDAD PERSONAL 34

    INTERÉS SIMPLE VS. INTERÉS COMPUESTO 37

UN MUNDO DE POSIBILIDADES 41

¿POR QUÉ TRADER? 51

EL CAIMÁN DE WALL STREET 57

    TODA UNA ORQUESTA A TU DISPOSICIÓN 63

EL TÉCNICO 69

    EDO, JAPÓN 70

    LAS BASES DEL ANÁLISIS TÉCNICO 71

    VELAS JAPONESAS 90

    GAPS O HUECOS EN LOS PRECIOS 96

ELLIOT Y "FIBO" 103

ÓRDENES Y GESTIÓN DEL RIESGO 111

DIARIO DE TRADING *117*

LA VIDA ES INCERTIDUMBRE *121*

EL CUANTITATIVO *125*

INDICADORES DE TENDENCIA 126

HEIKIN ASHI Y OTROS JAPONESES 132

OSCILADORES 136

WYCKOFF Y LA MANIPULACIÓN DEL MERCADO *149*

VOLUMEN 154

FASES DE ACUMULACIÓN Y REACUMULACIÓN 159

FASES DE DISTRIBUCIÓN Y REDISTRIBUCIÓN 162

INDICADORES DE VOLUMEN 166

SISTEMAS DE TRADING Y BACKTESTING *173*

SHAS (SCALPING HEIKIN ASHI STRATEGY) 174

OTRAS HERRAMIENTAS DE TRADING: SIMULADORES, DEMOS Y COPYTRADERS *187*

LA REALIDAD *191*

MARTINGALA Y COBERTURAS 193

LA REGLA DE ORO: ACEPTA LA PÉRDIDA 206

ÚLTIMAS PALABRAS 209

PREFACIO

Vas a tener éxito.

Dite esto. Una y otra vez si así lo quieres. Puede que sirva de refuerzo mental cada vez que te encuentres en un estado de ánimo bajo, pero no cuentes con que sea la manera de superarlo. Habrás de sacrificarte, esforzarte al máximo, perder horas de sueño y horas de ocio con amigos y familia, deberás soportar críticas, de gente que ni siquiera te conoce, de tu pareja, de tus padres. Las dos últimas, las más dolorosas.

Vas a tener éxito.

Una y otra vez, sin parar. Y no porque vayas a leer el mensaje que quiero plasmar en esta página y las siguientes; sino porque así lo deseas. La vida te dará lo que tú le pidas. Merécelo.

Vas a tener éxito. Voy a tener éxito.

Ponte cómodo. Quiero que leas estas páginas como si estuvieses teniendo una charla con un amigo, uno de los buenos. Uno de esos con los que puedes compartirlo todo y te responde a tus dudas con humildad. Uno de esos que te habla claro y de forma sencilla, transparente, sin tapujos. Uno de esos. Y es por ello que, desde este mismo momento, voy a ser sincero contigo. Cuando escribo estas palabras llevo a penas un año en este mundo. Nada relevante, lo sé. Te aseguro que desde el día uno me apasionó. Por eso mismo entiendo la importancia y tus ganas de leer este libro. Somos principiantes, queremos entrar en un mundo lleno de oportunidades, queremos experimentar el éxito y disfrutar con los nuestros los buenos resultados que vamos a obtener. Es por este mismo motivo por lo que escribo ahora y no después. Quiero transmitirte los muchos o pocos conocimientos que pueda tener acerca de las inversiones, el *trading*, la bolsa, etc. y de las emociones y sensaciones que estoy experimentando justo ahora, no después. Después es tarde, y quizá se me olvide qué fue aquello que me dio tantos dolores de cabeza y frustraciones, y aquello que me dio tanta realización, felicidad y satisfacción.

Como digo, voy a intentar explicarte todo aquello que he aprendido a lo largo de este año. Hoy día la información abunda en la red por doquier. Es fácil encontrarla y es gratis. La dificultad está en saber discernir cual es la que tiene sentido, coherencia y, por tanto, válida para retenerla y aprenderla nosotros. Es muy complicado separar el grano de la paja, créeme. Esto es lo que te ofrezco: un repaso por el mundo del *trading* donde te explicaré lo mínimo e indispensable que debes saber antes de entrar. No voy a darte una solución definitiva ni el santo grial del *trading*. Voy a darte herramientas que tendrás que trabajar por tu cuenta.

Te doy la oportunidad de mirar desde el umbral; si quieres pasar, es decisión tuya.

EL FUNDAMENTAL

¿En qué se basa la inversión? ¿Qué debemos tener en cuenta para realizar una u otra operación? ¿Qué criterios debemos valorar para calcular y medir el riesgo? ¿Hasta dónde somos conscientes de que todos los días, cada uno de ellos, nuestro dinero vale menos? Nuestro poder adquisitivo disminuye si no tomamos acción y consciencia de esto. Está claro que tú, que ahora lees este libro, ya has tomado consciencia y, por ello, te felicito. En lo personal, me asusta ver como las personas que me rodean, en mi círculo de amigos, en mi entorno laboral, gastan su dinero sin cuantificar antes las posibles consecuencias. A pesar de esto, me parece bien que lo gasten en lo que ellos deseen, faltaría más. Es su dinero, al fin y al cabo. Lo que me horroriza no es el dinero que tienen y se gastan, sino el que no tienen y, aun así, también gastan.

Entonces, si nuestro dinero vale menos cada día que pasa y nuestra capacidad adquisitiva disminuye, ¿por qué no gastarlo? Es correcto. Pero ¿por qué no ponerlo a generar más dinero?

Los inversores a largo plazo tienen en cuenta múltiples factores macroeconómicos (macro). Esta primera parte, quizá no te sirva para llevar a cabo tu operativa de *trading*, pero es de suma importancia, en mi opinión, conocer los conceptos que te presento a continuación. Podrás aplicarlos en tu día a día, en operaciones cotidianas como adquirir una vivienda, un vehículo o entender por qué suben los precios de los alimentos o los artículos de consumo en general. Nos referimos aquí al Análisis Fundamental.

Puede ser que en alguna ocasión hayas escuchado o planteado la pregunta de ¿por qué si los Bancos Centrales no dejan de imprimir dinero nuevo, sigue habiendo pobreza en el mundo? Menuda crueldad: tener la posibilidad de poner fin a este problema y no hacerlo ¿verdad? Bien. Para responder a esto antes tenemos que retroceder en el tiempo. No vamos a detenernos en fechas concretas, simplemente quiero que nos quedemos con la esencia de los sucesos.

Como sabrás, hubo un tiempo en que no existía el dinero, pero sí se producían transacciones continuamente. Todos, en algún momento, necesitamos bienes o productos que poseen otras personas. Estas transacciones se realizaban mediante el **trueque**. Un intercambio de toda la vida, vaya. Intercambiar un bien por otro, una cabra a cambio de tres gallinas ponedoras, por ejemplo. No había precios. Éstos se convenían entre las partes. Parece sencillo. En algún punto, la humanidad ambicionó los metales preciosos, por su brillo, supongo. Desde los egipcios hasta los mayas. Desde una parte del mundo hasta la otra. Conforme se empezó a extraer el oro y la plata de las minas, los hombres sustituyeron el trueque por transacciones por oro o plata. Era más sencillo el intercambio pues los precios podían determinarse de forma oficial respecto a un peso establecido de oro o plata. El oro, por supuesto, fue considerado de mayor valor que la plata. Necesidades cubiertas, necesidades nuevas. Las onzas de oro no estaban divididas o fragmentadas, ni tratadas o fabricadas respecto a un canon prestablecido. Lo que viene siendo que cada uno llevaba en su bolsillo lo que tuviese. Cuando compraban partían el metal con lo que tenían a mano para ajustar lo máximo posible su compra y venta. Podrás imaginar el problema que supondría llegar al mercado para comprar garbanzos y partir el trozo de oro en tres pedazos, desiguales, y ninguno de ellos lo suficientemente pequeño como para no tener que comprar, casi obligado, tantos garbanzos. Es por esto por lo que se usaba plata, el metal de menor valor, para transacciones pequeñas cotidianas. Por tanto, plata para intercambios pequeños; oro para intercambios grandes.

Este último acuerdo colectivo surge para cubrir otra necesidad. Ya entonces se realizaban operaciones internacionales entre distintos estados, las cuales, por sentido común y logístico, eran de gran "tamaño" respecto al precio. El envío del metal se hacía en carruajes que atravesaban el país escoltados. La cantidad de oro de una de estas operaciones pongamos que ocupaban un carruaje, por ejemplo. Imagina transportar ese mismo valor de oro en plata. Serían como cinco o seis carruajes, con el consiguiente costo de escolta, animales que tiren de los carros y la alimentación de todos ellos. Inviable.

Pero volvamos al trozo de oro y los garbanzos. El oro y la plata tenían un precio o, mejor dicho, una capacidad adquisitiva por onza (peso); de ahí que la gente partiera sus metales para hacer una compra más o menos ajustada a sus necesidades. Pero estas particiones no eran cosa fácil de hacer en el día a día. Un problema que necesitaba solución. Por ello, comenzaron a fabricarse aleaciones de oro y plata, por tanto, su pureza, sus kilates, no eran al cien por cien. Y algunas personas comenzaron a certificar dicha pureza. Esta certificación la probaban sellando el trozo de oro con el sello personal de quien lo verificara. ¿Problema solucionado? Para nada. Ya teníamos el trabajo hecho. Podía partirse el metal con las manos, de forma fácil y rápida; y, además, estaba certificado con su correspondiente sello, pero ¿qué ocurriría cuando uno de los trozos quedaba sin parte o la totalidad del sello? Problema. Por esta situación, un Rey decidió establecer un sello real y cualquier parte del trozo de oro que no contuviera el dibujo del sello se separaría para fundirlo de nuevo. De este modo, el resultado era un trozo de oro completamente sellado, el resultado era una moneda de oro. Más tarde, para hacer frente a los saqueos que se producían en los envíos de oro para las transacciones internacionales se comenzó a fabricar otras monedas, con distintos metales a las que se les atribuían un valor en oro, mientras que el oro y la plata se dejaban a buen recaudo en lugares seguros. Es decir, monedas, dinero, en definitiva, respaldado por una cantidad de oro o plata real guardada bajo llave: el Patrón-Oro.

Muy bien. Ya tenemos nuestro concepto de dinero definido. Pero las necesidades del ser humano tienden a superarse y a crear otras nuevas más complejas. Entre ellas, una bastante curiosa.

Por un lado, personas con gran patrimonio en su haber, por ejemplo, tierras en propiedad para el cultivo; por otro lado, lo que hoy conoceríamos como la clase obrera, en aquella época dedicaban su tiempo a trabajar la tierra para ganarse la vida. El campesino necesita arrendar tierra para cultivar y cosechar, pero no tiene dinero para pagar dicho alquiler o arrendamiento; a pesar de ello, sí que tiene animales de carga y de trabajo para labrar la tierra. De modo que, nuestro campesino acude al terrateniente, llamémosle así, con la esperanza de poder llegar a un acuerdo. El terrateniente le propone quedarse con uno de sus bueyes, él cuidará del animal con la promesa de devolvérselo a su dueño una vez éste haya cosechado los cultivos y pueda pagar al propietario de la tierra "en especias", es decir, con un monto previamente acordado de trigo, avena, maíz o lo que sea que cultive nuestro campesino. Ya tenemos la **deuda.**

Aquí entran dos conceptos mercantiles que no está demás mencionar. El terrateniente adquiere de esta forma la **posesión** del animal y, por ello, el usufructo; es decir, la capacidad legítima de usarlo en su beneficio. Pero la **propiedad** sigue siendo del campesino, aunque en ese momento no disponga de la posesión. Y durante un tiempo esto sucedía así. Necesidad cubierta, necesidades nuevas.

Entre tanto, se suceden todo los hechos relacionados con el oro y la plata que te he descrito antes.

Por su parte, el terrateniente debía cuidar de la res, alimentarla y limpiar su estancia; y esto suponía un problema, además de un gasto añadido por la correspondiente responsabilidad de entregar el animal en perfecto estado a su legítimo propietario. Por otro lado, el campesino, al no contar con la ayuda de todos sus animales de trabajo, dado que uno de ellos lo entregó como **fianza,** no podía trabajar y cosechar sus cultivos tan rápido como si lo hiciera con sus animales y el trabajo a realizar sería mucho mayor. Poco eficiente. Ambas partes llegaron al siguiente acuerdo. El terrateniente presta su tierra para el cultivo con la promesa de que el campesino le pagará "en especias" o en oro (o plata) después del tiempo acordado entre ambos y, además, compensará esta demora de tiempo con un monto adicional. Se crea, de la nada, el concepto de **interés.**

Puede que los sucesos que te he relatado no se produjeran en ese orden necesariamente. No importa. Lo que quiero hacerte saber es el origen de eso que tan presente tenemos en nuestras vidas, en la actualidad, de eso que usamos para llenar la nevera, comprar ropa y vestido, tecnología. Etcétera. Lo que esperamos recibir tan satisfactoriamente todos los meses como contrapartida o recompensa por nuestro trabajo realizado.

Por si no lo conoces, Robert Kiyosaki, autor de renombre que escribió el libro *Padre rico, padre pobre,* nos explica cómo funciona el dinero, y cuál es el flujo del dinero en otra serie de libros bajo el mismo nombre. Es de lectura obligada. Dice que si queremos obtener dinero debemos conocer cómo funciona. En mi opinión, para comprender mejor su funcionamiento debemos conocer también el origen, por qué surgió, qué necesidades se pretendían satisfacer con la "invención" del dinero y qué ha cambiado desde entonces.

A lo largo de los tiempos han existido diversos patrones en base a los cuales se han respaldado el dinero común tal como lo conocíamos hasta hace bien poco. Estos patrones han ido variando por diversos sucesos e intereses geopolíticos desde el Patrón-Oro, Patrón-Plata y Patrón-Dólar. Y digo hasta hace bien poco. Los estados abandonaron de forma paulatina el último de los patrones-oro. En 1971, Richard Nixon, el que fuera trigésimo séptimo presidente de los Estados Unidos de América, fue el último presidente de gobierno en abandonarlo. Desde entonces el dinero se ha basado en deuda y esto permitía a los Bancos Centrales imprimir dinero. Esta es la **MMT** o **Teoría Monetaria Moderna,** la que se basa en deuda. Los Bancos Centrales, tradicionalmente, llevan a cabo formas creativas de luchar y contener las presiones inflacionistas subiendo o bajando el coste del dinero, es decir, los tipos de interés. Pero, como digo, su creatividad aumenta cuando deciden llevar a cabo experimentos "novedosos", que no lo son, creando de la nada dinero sin apoyo o respaldo real en algún activo (llámese oro, llámese plata) para financiar a los gobiernos a coste cero a través de lo que conocemos como programas de **QE** o *Quantitative Easing.* Con estos programas imprimen tantos billetes como sean necesarios con el fin de comprar la deuda soberana emitida por los gobiernos y deuda hipotecaria. Esto se traduce en una mayor cantidad de dinero en circulación. Y, a pesar de ello, vemos como esto ya no funciona, pues la inflación no disminuye, sino que aumenta, el endeudamiento crece y el crecimiento económico y productivo mengua. La ética desaparece del juego donde ahora todo vale con tal de seguir ganando. A menudo, se habla de manipulación de los mercados y la corrupción de los altos dirigentes; y, a menudo, se esgrime el argumento de la independencia existente entre los Bancos Centrales y los gobiernos y la política. A menudo, los miembros de la Banca privada terminan formando parte de las grandes instituciones públicas por sus conocimientos y supuesta profesionalidad con el fin de volver a la Banca privada cuando terminen su andadura en el ámbito público después de haber favorecido un poquito aquí y allá. Y este es el juego de entrada, salida y retorno al punto de partida al que juegan.

Un claro ejemplo de ello es el siguiente. A raíz de la crisis inmobiliaria de 2008, la Reserva Federal de los Estados Unidos de América decidió poner en marcha el programa de *QE* que hemos mencionado. Los mercados financieros reaccionaron positivamente con fuertes subidas en la cotización de los activos realizando movimientos al alza firmes y seguros. Así es como se sentían los inversores sabiendo que la *FED* estaba detrás comprando una deuda pública e hipotecaria con tipos de interés al 0 %, es decir, sin rentabilidad, la cual resulta muy poco atractiva para nadie que quiera rentabilizar su capital. Cuando la economía mejora, el Banco Central decide llevar a cabo el programa de ***Tapering*** o de retirada de estímulo monetario dejando de comprar tanta deuda y resulta que el inversor se asusta y retira su capital de la inversión. Esto provoca un desplome en la cotización y para evitar el quiebro, la *FED* vuelve a invertir y el movimiento alcista se repite. Esta es la droga que hemos estado consumiendo y la que no queremos dejar de consumir a pesar de que se experimente un mínimo crecimiento económico en los mercados. Seguimos solicitando un empujoncito, pero no por necesidad, sino por flojera y comodidad de no arriesgar nuestro capital en un negocio que, por definición, es arriesgado. Lo curioso es que ellos siguen ofreciendo ese empujón, más que nada porque también se benefician de ello, y ahora veremos por qué. Deducimos entonces que la correlación entre las decisiones tomadas por la *FED* (u otros Bancos Centrales) sobre sus programas de compras de bonos soberanos e hipotecarios a través del *QE* es altísima con respecto al movimiento posterior que experimentará el precio de los activos en los mercados financieros.

Dentro de las instituciones públicas, sus miembros pueden ser conocidos como *Hawkish* o *Dovish;* términos que provienen del inglés *Hawk* (halcón) y *Dove* (paloma). El símil, a mi entender, es el siguiente: el halcón caza su comida sin ayuda; la paloma come los restos, las migajas que le dan. Los **Hawkish** son reacios a continuar indefinidamente con el programa de estímulo y prefieren retirar el *QE,* las compras o financiación de los gobiernos del balance del Banco Central. Los **Dovish,** por el contrario, se decantan por continuar realizando estos "rescates" o ***"bail out"*** a los gobiernos para financiarlos gratis y evitar la quiebra a toda costa de los mercados. Pues bien, volviendo a la ética y conociendo la correlación entre las decisiones de unos y el movimiento posterior de los inversores, es difícil defender la postura *dovish* cuando entiendes que esos mismos miembros de la Reserva Federal o cualquier otro banco central están invirtiendo miles de millones en Bolsa haciendo uso de información privilegiada y apoyando una postura u otra según beneficie a sus intereses particulares. Y lo más grave de todo es que esto está totalmente permitido.

Por tanto, mientras se siga permitiendo realizar este tipo de prácticas, los miembros de estas instituciones jugarán la ventaja a su favor, como es de esperar. Pero nunca abandonaremos el sobre estímulo que experimentamos desde hace más de una década. Se desvirtuó hace mucho el fin último del estímulo y se convirtió en otro negocio más para enriquecer a unos pocos particulares; y la anomalía en la economía seguirá degenerando en mayores y distintas anomalías.

Entonces, ¿qué es el dinero? Exacto. Es papel. Dinero de juguete. Y acaso, ¿es peor por ello? ¿Tenía mayor valor cuando funcionaba en base al Patrón-Oro o cualquier otro? No, no tiene mayor ni menor valor que antes. Tiene el valor y el significado que quieran darle quienes lo usan. Quiero que entiendas esto bien. El dinero es solo un medio para un fin. El problema, en mi opinión, es que quienes lo controlan manipulan su valor, su significado y, mientras tanto, el resto tenemos que andar haciendo malabares para llegar a final de mes. Ellos aprovechan el desconocimiento de la mayoría. Usan su ventaja para enriquecerse. Usan esta ventaja para ganar el juego que ellos crearon. Y el caso es que a mí me gusta este juego. Quiero decir, llevan toda la vida enseñándonos el juego. ¿Cómo no iba a gustarnos? Nos han inculcado desde nuestro nacimiento en qué consiste el juego. Sobre todo, haciendo hincapié en aquellas normas que no se pueden quebrantar bajo ningún concepto. No puedes robar, no puedes dejar de pagar tus impuestos cuando cobras a final de mes ni cuando compras cualquier artículo o producto en la tienda, no puedes retrasarte en devolver el dinero que te han prestado ni sus intereses o éstos se incrementarán. Etcétera. Todo lo que no está permitido. Pero ¿qué hay de lo que sí que está permitido? ¿Qué hay de aquellas formas en las que podríamos hacer dinero y enriquecernos? Porque permíteme que te lo diga: existen muchas formas de generar riqueza más allá de encontrar un empleo y trabajar para un empleador que nos recompensará por ello.

¿Por qué te cuento todo esto? Porque quiero tomar consciencia y quiero que me acompañes en el trayecto. Quiero darme herramientas y quiero compartirlas contigo. Quiero aprender a gestionar mis ingresos, sean muchos o pocos; y con ello vivir, aunque sea solo un poco mejor.

INFLACIÓN, DEFLACIÓN Y OTROS ARTÍCULOS DE OCASIÓN

Unas páginas atrás planteamos la pregunta de por qué sigue habiendo pobreza en el mundo si, como ya hemos visto, los Bancos Centrales tienen la autonomía y la potestad de imprimir tanto dinero como quieran basado en deuda. Pues por esto mismo, porque está basado en deuda. Quiero decir, esta deuda no la prometen pagar los estados en vías de desarrollo donde el nivel y la calidad de vida, los recursos con los que se cuenten y la productividad asociada a ese país, sea inferior. Prometen pagarla aquellos estados que la emitan. Los estados y sus ciudadanos, claro. Nosotros hacemos uso de esa deuda con el compromiso de volver al punto de equilibrio en el futuro. Financiamos el presente vendiendo nuestro futuro. Distinta cuestión es si después del plazo estipulado de devolución de la deuda, ésta se restituirá convenientemente. ¿Y esto a qué viene?, te preguntarás. Al simple hecho de tan siquiera pensar que tenemos suficiente capacidad productiva necesaria como para devolver esa deuda. Digo nuestros gobiernos y nosotros, porque nosotros somos tan partícipes como ellos. Todos colaboramos en la fuerza que hace girar la rueda, todos entramos en el sistema que nos venden y "nos permite" vivir por encima de nuestras posibilidades. Tal vez bajo la siniestra ilusión de que pudiéramos estar más desarrollados que esos otros países emergentes. De hecho, dicen que los políticos de un país son el fiel reflejo de a quienes gobiernan. Y estoy totalmente de acuerdo con esto, aunque con ello no quiero decir que todos seamos el reflejo de ellos, pero sí la mayoría. Democracia, que bonito nombre tienes. Pero no nos detengamos en política.

No hace mucho, existíamos en un mundo lleno de posibilidades, donde pocas personas compartían mucho espacio, donde todo estaba por construir y, con la llegada de población nueva, más infraestructuras necesitábamos para cubrir las nuevas necesidades. Pero el espacio es finito, el planeta en el que vivimos es finito y sus recursos también; por tanto, el coste de producción es cada vez más alto y esto se compensa con mayores cantidades de dinero que sale de la nada, que se pagará con el crecimiento de la riqueza producida… ¿Ves dónde está el problema? ¿Algún sentido o lógica en todo esto? Cada vez necesitamos endeudarnos más para obtener un nivel de crecimiento menor y pretendemos saldar la deuda existente con deuda nueva. Es decir, un planeta globalmente adicto a la deuda. Sin ella nada tiene sentido y con ella destruimos todo rastro del poco sentido que queda. Insostenible.

Aquí entran en juego la especulación, las burbujas de los mercados financieros, inmobiliarios, tecnológicos, etc. y el dinero que se imprime de más por los Bancos Centrales; todos estos jugadores se encuentran bien posicionados en el tablero, interrelacionados y retroalimentados entre sí. No vamos a entrar a determinar si fue antes el huevo o la gallina, pero sí podemos decir que todos ellos, que nacieron para el beneficio común, están provocando con bastante desacierto las causas de una economía anómala.

Hemos estado hablando de ella todo este rato. La **inflación** consiste en una devaluación de tu dinero, es decir, la misma cantidad de dinero compra menos bienes, artículos o productos conforme transcurre el tiempo. Este fenómeno se da por la subida de precios, los cuales se registran y se miden a través del **IPC** (Índice de Precios al Consumo). Como dato, diremos que los responsables de controlar el *QE* en occidente, la *FED* (Reserva Federal de los Estados Unidos de América) y el BCE (Banco Central Europeo), fijan su atención en el **IPC Core,** que básicamente mide y registra los mismos datos de precios que había en la cesta del IPC, solo que en ésta no se computan los precios de alimentos ni energía. Curioso cuanto menos, dado que son los precios más relevantes a tener en cuenta cuando se trata de salvaguardar una economía sana en el ámbito familiar. Simplificando. Si suben los precios, tu dinero vale menos y el encargado de controlarlo nos dice que los precios de los alimentos y la energía no son importantes mirarlos. Para reírse. La inflación, por tanto, provoca un empobrecimiento de la población. Los Bancos Centrales entran en escena regulando los **Tipos de interés** que se establecen con unos mínimos para quienes prestan dinero a la población, los bancos. Estos Tipos se suben y de esta forma se controlan las presiones inflacionistas. Al ser la deuda más cara (recuerda que el dinero está basado en deuda), dado que se han subido los Tipos, el dinero aumenta su valor. El ciclo de la vida.

Pero este fenómeno favorecido por la globalización y la constante competición entre las superpotencias no se da en todas las regiones del mundo. Pensemos en economías como la de Japón. Ellos piensan en términos de bajadas de precios. Temen que el próximo año los bienes y servicios sean más baratos. Curioso, ¿verdad? Si tengo pensado comprarme una televisión, pero preveo que el año que viene será más barata, quizá no sea tan necesaria comprarla ahora. Puede esperar. ¿Qué supone esto? **Deflación.** Precios cada vez más bajos por la disminución de la demanda y un crecimiento del **PIB** o Producto Interior Bruto (crecimiento de la riqueza) nulo. El motivo: no circula el dinero, no se mueve. Piensa en el sistema circulatorio del cuerpo humano. La sangre es la encargada de hacer llegar a todas las partes del cuerpo los nutrientes necesarios, así como el oxígeno, para el buen funcionamiento de todos los órganos que participan de él. Para que el corazón bombee sangre necesita energía, otorgada por la sangre misma. Necesita oxígeno, suministrado por los pulmones, los cuales a su vez necesitan energía, también de la sangre, para poder trabajar y hacer la entrega de oxígeno a ésta. Todo correlacionado en un conjunto de engranajes que casan a la perfección y cuando uno de ellos se bloquea o falla, se cae todo el sistema. Volvamos a la economía. Imaginemos el dinero como la sangre que facilita un buen desarrollo (funcionamiento) de la sociedad y su sistema económico (cuerpo humano). Esta sociedad necesita de un tejido empresarial (los pulmones) que suministren empleos (oxígeno) para producir bienes y servicios (sangre enriquecida), lo cual se traduce en capital, y éste llega a toda la población (corazón) que es la encargada real y verdadera de impulsar toda la economía. Al no haber demanda de sus productos, las empresas se ven obligadas a bajar los precios llegando, incluso, a no cubrir los costes de producción; obligados a cerrar. En resumen, se destruye la economía. Por que nuestra economía está basada en el flujo del dinero, las transacciones, los intercambios entre unos y otros. Es decir, sin circulación no puede existir un cuerpo humano vivo; no puede existir la sociedad tal y como la conocemos.

Pero existe un escenario aún peor: la **hiperinflación.** Hay países, principalmente en América del Sur, donde este fenómeno económico ahoga cada vez más y más rápido a las familias menos favorecidas, aumentando la brecha entre éstas y las clases altas de la sociedad. En un entorno hiperinflacionista, los precios aumentan demasiado pero el crecimiento económico no, es decir, la capacidad adquisitiva del ciudadano medio, los salarios de los trabajadores, no. Una inflación dopada que provoca, igualmente, la destrucción de la economía irremediablemente. Este fenómeno se ve favorecido por la puesta en circulación rápida y masiva de dinero. Justo lo que hablábamos antes que hacían los Bancos Centrales en occidente. Bueno, y en todo el mundo. Dinero impreso en cantidades desproporcionadas que no está apoyado por el crecimiento en la producción de bienes y servicios.

Llegamos a nuestro último artículo de ocasión: la **estanflación.** Esta vez, los precios suben de una forma sana (no como en la hiperinflación que es desmesurada), pero el crecimiento no. Es decir, de nuevo, al subir los precios disminuye el consumo. Para incentivarlo se recurre a la creación de políticas de expansión fiscal, lo cual, paradójicamente, tiende a provocar más inflación.

¿Cuál es la solución entonces? Temo decirte que no la conozco. Y tampoco es mi intención, al menos de momento, descubrírtela. Solo tengo por objetivo descubrirte las reglas del juego, el entorno en que te mueves, para que seas consciente en cada momento de qué suelo pisas e intentar, en consecuencia, tomar una mejor decisión de negocio, de inversión o de gasto.

Lo que sí puedo decirte es que actualmente (2021), se crea deuda sin parar con el fin de pagar deudas previas y que, muy probablemente, vayamos camino de un entorno hiperinflacionista. Pero esto es solo mi opinión. Como digo, se trata de que investigues, te informes y documentes, en qué momento se encuentra el mundo para llevar a cabo un plan de acción concreto y no otro. Puede que el gasto que estés planificando no puedas mantenerlo o costearlo en un futuro cercano y eso te causará dolores de cabeza. Visualiza los posibles escenarios según la deuda que quieras adquirir y por cuánto tiempo mantendrás ésta hasta que la saldes definitivamente. Un análisis previo a la ejecución te pondrá en una mejor posición para hacer frente a ese futuro con un mejor plan de negocio o inversión.

Como dijo John Lennon, *"la vida es aquello que te va sucediendo mientras te empeñas en hacer otros planes"*. Correcto. ¿Quiere eso decir que no debemos hacer planes? Para nada. Cuantos más posibles escenarios seas capaz de prever, más control tendrás sobre cualquiera de ellos sin que te pille por sorpresa. Una partida de ajedrez.

DEUDA "BUENA" – DEUDA "MALA"

En el primer trimestre del 2021, España registró una deuda que ascendía alrededor de un 125 % por encima del PIB. Según el **INE** (Instituto Nacional de Estadística en España), el estado español tenía en su balance una deuda de (ojo al dato) 1.235.196 millones de euros. Sí, has leído bien, más de un millón de millones. Eso significa una **deuda *per capita*** de casi 30.000 euros. Para que nos entendamos, cada ciudadano español se ha "comprometido" a pagar al Estado una deuda de 30.000 euros. Y esto de momento, porque lógicamente la deuda no deja de aumentar con cada año que pasa.

Ya hemos hablado en la anterior ocasión de la deuda. De como hacen mal uso de ella los Bancos Centrales y los gobiernos, hemos visto su origen y qué necesidades satisfizo en el pasado. Veamos ahora, rápidamente, si esta gran enemiga del sistema puede aportar algo útil a nuestras vidas.

A priori la deuda surgió del ingenio de las personas para aportar soluciones en las vidas de éstas. La principal crítica que se puede hacer de la deuda, desde mi punto de vista, es que este solucionador de problemas ha dejado de ejercer como tal para convertirse en el problema en sí mismo. En la actualidad, y desde hace mucho, la deuda aporta lujo y comodidad, no soluciones. O al menos así es como la han querido desarrollar los vendedores de deuda. Una puerta de acceso gratis para cualquiera que la solicite.

El negocio de la deuda comenzó allá por los años 30 del siglo pasado, con la Gran Depresión en los Estados Unidos de América. En aquel periodo, unos pocos a los que les sobraba el dinero o se enriquecían con negocios turbios, prestaban su excedente a quienes no disfrutaban de esa posibilidad a cambio de cobrar unos intereses. Más tarde, surgió el crédito y, con él, las tarjetas de crédito. Hoy día se pueden diferenciar unos y otros por el tipo de interés que te cobrarán, el periodo de tiempo que te ofrezcan para devolver ese dinero y el uso que vayas a darle. Los **préstamos** suelen ser a más largo plazo; por ello, el tipo de interés es razonablemente más bajo y el uso que se le da suele ser para cubrir una necesidad. El **crédito,** sin embargo, suele estar más enfocado al corto plazo, tipos de interés más altos (en ocasiones, absurdamente altos) y su uso, básicamente, es para adquirir lujos o comodidades. Llámalo como quieras, pero no son realmente necesarios. El caso es que los vendedores de deuda llevan a cabo prácticas agresivas de *marketing* y publicidad, ofreciéndote tarjetas de crédito asociadas a productos que no necesitas para adquirirlos en sus tiendas. Con ofertas de "financiación al 0 %", el primer año, o "Sin Intereses", cobrándote una comisión de mantenimiento de la tarjeta, y demás argucias para captar tu atención. Todo ello acompañado de una urgencia extrema, porque si no lo compras hoy mañana ya no podrás. Y claro, lo consiguen. Porque tú no eres tonto y sabes diferenciar bien lo bueno de lo malo. Pero no me mal entiendas si te das por aludido. Yo también he caído alguna vez en estas chorradas.

Pues bien, estos créditos también son vendidos por los bancos, "para darte ese capricho que siempre has querido, el viaje que siempre has soñado o disfrutar de tu nuevo coche flamante último modelo". Y eso está muy bien, oye, cada cual que haga lo que considere oportuno. Yo solo te doy las herramientas. Tú decides.

El problema es que hay también muchas familias que, por sus circunstancias, hacen uso de estos créditos para pagar el alquiler o la compra del mes. Es un pozo sin fondo. Y no llego a entender su magnitud porque afortunadamente nunca he llegado a verme en esa situación. Todo un privilegio con los tiempos que corren.

Entonces, ¿qué es la deuda "buena" y la deuda "mala"? Pues verás, la **deuda "mala"** es toda aquella deuda que adquieras con el único fin de disfrutar de algo de forma anticipada, es decir, que realmente no te puedas permitir con tu capital actual sin hacer uso de un crédito. Mucho más recomendable es esperar y ahorrar para comprar o disfrutar aquello que quieres. Es una difícil opción en tiempos donde todo tiene que ser ya, rápido e inmediato. Lo sé, pero es la mejor opción. Además, este tipo de deuda se caracteriza por no aportar nada a tu bolsillo, solo un placer instantáneo que tendrás que pagar a plazos. Y bien pagados.

Por contra, la **deuda "buena"** es una inversión. Pides prestado ese dinero para gastarlo en una inversión que en el largo plazo te irá aportando capital a tu bolsillo; de hecho, si me apuras, no solo te ingresará dinero en tu cuenta, sino que también te irá pagando la deuda adquirida en el corto plazo. Me refiero, por ejemplo, a un préstamo hipotecario. Adquirir una vivienda con dinero prestado, con un bajo tipo de interés, que te permita ingresar en tu cuenta un excedente de capital después de cobrar una renta al inquilino y pagar la cuota mensual al banco debidamente. Para hacer esto lo único con lo que debes contar es con una fuente de ingresos estable. Ten en cuenta el **ratio de deuda** que te permitirá adquirir el banco. Este ratio es un porcentaje (de deuda) sobre el total de tus ingresos, incluyendo pagas prorrateadas o incentivos por objetivos, rentas anteriores o cualquier ganancia recurrente que tengas. Dependiendo de lo alta o baja que sea ésta tendrás acceso a mejores o peores productos hipotecarios. Otra opción sería construir un negocio. ¿Es más, menos o igual de arriesgado? No lo sé. Es solo otra opción que tendrás que valorar dependiendo de las aptitudes o conocimientos que tengas acerca de ese negocio. En cualquier caso, es otra opción responsable partiendo de la base de que el uso de ese dinero prestado es para construirte un futuro, un medio de vida. No un capricho.

CONTABILIDAD PERSONAL

Haz números. Es la forma más fácil y sencilla con la que empecé a ser consciente del dinero. Números, números y más números. No hay que ser un genio de la contabilidad para calcular ingresos menos gastos. El alquiler, las facturas de la luz, el agua, el gas, el teléfono móvil, el préstamo del coche, la hipoteca, la gasolina, la comida o la subscripción de esta o aquella plataforma de entretenimiento. Todo.

Si estás interesado puedes escribirme a mi correo electrónico (lo encontrarás en la segunda página de este libro) y te pasaré con gusto algunos documentos que creo que pueden servirte como herramienta para llevar a cabo todos estos cálculos. Entre ellos puedes encontrar las hojas de Excel que yo uso para llevar mi contabilidad personal y el cálculo de la cuota de una hipoteca (teniendo en cuenta el capital inicial; el **T.A.E.** o Tasa Anual Equivalente, esto es, el interés anual que pagarás por ese préstamo; interés acumulado que pagarás en toda la vida del préstamo; el cuadro de amortización por cada mensualidad o cuota; los beneficios futuros posibles según la renta que tengas de ese inmueble; así como la acumulación de éstos por periodos de tiempo, entre otros elementos).

Muchos adolescentes crecen con la falsa ilusión de que, si hacen las cosas bien a lo largo de su vida, estudian y encuentran y conservan un empleo bien remunerado, cuando llegue el momento de su jubilación contarán con una pensión acorde a la producción de bienes y servicios que con esfuerzo realizaron en su vida laboral. Que no te mientan. El sistema de pensiones se derrumba. Es la gran **estafa piramidal.** Existen otros muchos tipos de estafas, pero ésta destaca por su sencillez. Simplificando, un sistema en el que los nuevos miembros de una organización supuesta pagan a los más antiguos. Seguro que has oído hablar de ella. Pues ese es el concepto de nuestro sistema de pensiones. El nuestro y el de muchos países, no creas que somos unos ingenieros aquí en España. Pero este concepto está muy bien pensado siempre y cuando haya carnaza nueva. Y la carnaza está dejando de llegar. Es decir, cada vez es más grande la población mayor de la edad laboral a la que hay que pagar su jubilación, justa y merecida, sin duda; pero también cada vez más pequeña la población en edad de trabajar que contribuya a pagar esas pensiones. La pirámide funciona siempre que la base sea más grande que su vértice. Nuestra pirámide se invierte por momentos.

Tranquilo. Hay métodos que nos pueden salvar de esta debacle. Hay productos bancarios que nos dan una opción de ahorro: los **planes de pensiones.** Con estos planes se trata de que vayas ingresando cada mes una cuota fija, o más a partir de esa cantidad establecida, para crear un plan de pensión propio, unos ahorros que en tu jubilación disfrutarás mes a mes en forma de paga. La ventaja de estos planes, antiguamente, era que los bancos te daban un interés por ese dinero que aportabas a tu plan de pensiones, es decir, te pagaban una cantidad por cada cantidad de dinero que ahorrases. Una de las reglas era que no podías retirar ninguna cantidad de ese capital ahorrado. ¿Por qué te pagaban un interés por guardar tu dinero del mismo modo que lo guardan en tu cuenta de ahorro? La diferencia está en la regla antes mencionada. Al no poder retirar dinero, ellos se benefician de la disposición de este dinero, para prestarlo a otras personas y cobrarles sus respectivos intereses, invertirlo en activos financieros, o lo que se les ocurra. Te puedo asegurar que ellos sacaban más rédito de tu capital que el interés que te pagaban por él. La cosa es que esto ha cambiado. Los intereses que te ofrecen por hacerte un plan de pensiones ahora son ridículos. De ahí que se diga que "hoy día no se premia a los ahorradores" o que "las personas que ahorran pierden dinero todos los años". En el primer caso, el motivo es justo lo que te estoy contando. En el segundo, el motivo es la inflación, ¿la recuerdas? Cada año que pasa, la inflación sube un 2 % (por ahora) y tu dinero "parado" en un plan de pensiones pierde valor, por tanto, pierdes "dinero" o, mejor dicho, poder adquisitivo.

¿Y si esto no es una opción?...

INTERÉS SIMPLE VS. INTERÉS COMPUESTO

Vamos a comentar brevemente el interés simple y el interés compuesto.

El **interés simple** es una cantidad que se te entrega cada año, o cada mes, por tener tu dinero depositado en algún tipo de producto financiero, es decir, por tenerlo invertido. Fíjate en la línea recta que se encuentra en la parte inferior de siguiente gráfico, en la Figura 1.

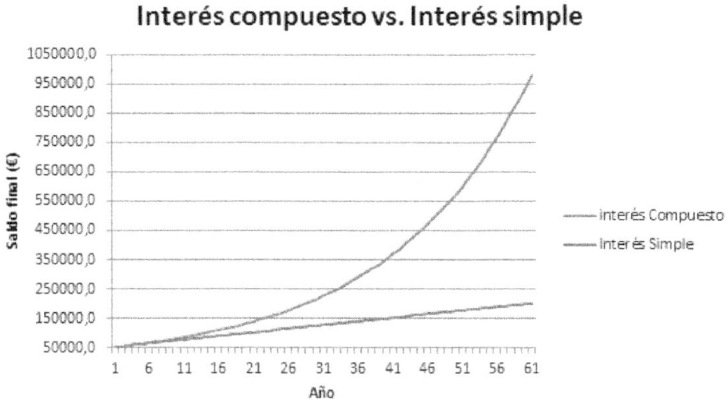

Figura 1. Gráfico comparativo del funcionamiento del Interés Simple y el Interés Compuesto.

Esto es el interés simple. La idea es invertir una cierta cantidad de dinero, en cualquier activo. Pongamos 1.000 euros. Ese activo, probablemente, te rentará un porcentaje sobre el capital invertido. Pongamos un 2 %

anual. De modo que cada año, podrás retirar de esa inversión un 2 % de beneficios sobre los 1.000 euros iniciales que invertiste. El crecimiento se produce en línea recta. Cada año tendrás 20 euros más en tu cuenta solo por el hecho de dejar esos otros 1.000 invertidos en el activo.

Sin embargo, la línea superior del gráfico parece más apetecible, ¿verdad? Ese es el **interés compuesto.** La diferencia con el interés simple es que en éste no se retiraría ese 2 % de beneficios que te generan los 1.000 euros iniciales. Por tanto, el capital invertido cada año se rentabilizaría un 2 % sobre el capital aumentado por el beneficio porcentual del año anterior. Simplificando, el primer año inviertes 1.000; el segundo año estarías invirtiendo 1.000 + 20 (de beneficios del año anterior). El tercer año ganarías el 2 % sobre 1.020 euros, es decir, 1.020 + 20,4. El cuarto año el 2 % sobre 1.040,4 + 20,8. Y así hasta el infinito. El crecimiento se produce de forma exponencial y el tiempo juega a nuestro favor. Cuanto más tiempo pases con ese capital invertido, sin hacer ninguna retirada, los intereses generados sobre los beneficios acumulados cada vez serán mayores. Si a esta práctica le añadimos un tercer elemento, entonces el crecimiento despegará como un cohete en pocos años. Te hablo de las **aportaciones periódicas.** Si, además, a ese capital inicial más los beneficios que vaya generando le añadiéramos aportaciones fijas o variables, según nuestra capacidad, estaríamos dopando con esteroides ese interés compuesto, creando una bola de nieve aún mayor. Para que te hagas una idea, puedes hacer una búsqueda rápida en Google de una calculadora de interés compuesto. Las hay a patadas. Sueña un poco haciendo tus números, calculando cuánto capital serías capaz de acumular en todos los años de vida que te quedan (espero que sean muchos) haciendo uso del interés compuesto y las aportaciones periódicas que creas oportunas.

Cuando yo hice este "ejercicio" me volví loco. Pero esta práctica tiene sus pegas, créeme. Una de ellas, y la principal para mí, es que en teoría ese capital invertido debes tomarlo como un plan de pensión, es decir, que no podría disfrutar de él hasta mis últimos años de vida. Repito, el dinero es un medio para un fin. Quiero conseguir dinero para poder disfrutarlo hoy, no mañana. Entiende que cuando digo "hoy" me refiero a que no quiero disfrutarlo cuando tenga 65 o 70 años. En cualquier caso, sigue siendo una opción; no para mí, pero quizás sí lo sea para ti. Aun así, hay otra pega que no cuentan. Y aquí empezamos a incluir conceptos de *trading* que fue para lo que vinimos. El **_drawdown._** Debemos tener en cuenta que esa inversión de capital es sobre un activo financiero, normalmente un fondo indexado, que veremos más adelante. Y claro, "la bolsa siempre sube" o eso dicen. "A largo plazo la bolsa siempre sube". Pero el *timing,* el momento, es clave. Cuándo entras y cuándo sales. Es cierto que los mercados financieros siempre han subido. Hasta el momento, siempre han acabado subiendo. Pero hubo periodos, años, incluso décadas, en los que la bajada parecía no terminar nunca. Estas bajadas en los precios de los activos son los *drawdowns.* Si tienes el desconocimiento o la mala suerte de entrar en el mercado, para empezar a invertir con la esperanza de obtener una rentabilidad de tu capital ahorrado, en el momento de la cresta donde el precio justo inicia la bajada… Ahí tenemos un problema, compañero. Tal vez pasen semanas, meses o años, hasta que esa curva empiece a cambiar de dirección hacia arriba. Y claro, te dicen que debes aguantar la posición, que debes seguir haciendo tus aportaciones como si nada estuviese ocurriendo porque en el largo plazo ganarás. O no. Quizás en el largo plazo llegues a obtener el mismo capital inicial invertido, con suerte. O a lo peor te encuentres con que has perdido todos los ahorros de tu vida. En cualquier caso, esos *drawdowns* no tienen por qué ser tan abruptos y prolongados. Ocurrirán, en mayor o menor medida, siempre. Es algo que debes valorar antes de tomar una decisión. Cuánto vas a invertir inicialmente, si vas a realizar aportaciones periódicas y de qué cantidad, cuándo comenzarás a hacer retiradas y qué cantidad, y qué harás si comienza a caer el precio del activo y tu rentabilidad planificada se va al garete.

El mercado lleva tanto tiempo tan sobre estimulado, tan dopado, que el riesgo parece haber desaparecido en esta actividad o al menos así se vende. Como decía Alberto Roldán en un artículo publicado en la sección *Invertia* de El Español titulado *"Banderas Rojas en Wall Street"*: "Comprar en las subidas y comprar en los descensos, porque lo bueno es bueno y lo malo…también. (…) Al fin y al cabo, el único riesgo para los inversores hoy día es el de ganar menos que los demás".

No quiero desilusionarte con todo esto. Éstas son opciones tan válidas como cualquier otra. Solo quiero situarte en un punto de equilibrio. Una mejor posición para tomar acción. Porque a menudo venden estas teorías, técnicas o estrategias como la panacea y no lo son. Como todo, tienen sus riesgos. Investiga, infórmate, cerciórate de qué haces y cuándo lo haces.

UN MUNDO DE POSIBILIDADES

Una de las cosas que más me preocupaba cuando empecé a interesarme por esta actividad era no conocer las alternativas que tenía a mi alcance. De hecho, si no llegué a interesarme antes fue por el desconocimiento de los requisitos necesarios para dedicarme al *trading* o inversión. No te preocupes, hoy lo tenemos fácil.

Hay muchas formas de rentabilizar tu capital hoy día. Ya hemos visto algunas de ellas y habitualmente la gente piensa que para invertir solo se puede hacer a través de los bancos, fondos de inversión o *hedge funds,* o como mucho un fondo indexado. Este último me temo que la mayoría tampoco lo conocerá. Todas ellas son buenas opciones, o no. Eso dependerá de tu personalidad, de cómo de activa quieres que sea tu inversión, de los conocimientos que tengas sobre los mercados financieros o los datos macroeconómicos. Como todo en la vida, depende de muchas variables.

Vamos a hablar de cada una de ellas para darte algunas pinceladas generales.

En primer lugar, vamos a distinguir entre renta fija y renta variable. La **renta fija** es deuda pública. Me explico. ¿Cómo se financian los gobiernos de los estados? Mediante los impuestos que pagan los contribuyentes, es decir, los ciudadanos que cotizan su empleo. Pagan una parte de su sueldo para contribuir a la riqueza del estado y de este modo pueden beneficiarse de servicios que el gobierno de su país pone a disposición de todos. Piensa en el transporte público, sanidad o educación pública, o en las infraestructuras como las vías de comunicación por carreteras o red ferroviaria, suministros de energía y agua, o medios de comunicación públicos, por poner algunos ejemplos. Aportamos parte de nuestro dinero a las arcas públicas del estado para que nuestro gobierno haga un uso responsable del mismo en servicios que nos beneficien a todos. Aunque no siempre se hace un uso responsable... Pues bien, otra forma de financiación es mediante lo que llamamos deuda pública (deuda común), la cual ya hemos visto en páginas anteriores. Deuda de todo el estado y, por tanto, de todos sus miembros en conjunto. Esto lo hacen mediante la emisión de **bonos** (de deuda pública o estatal). Estos bonos pueden ser comprados por inversores a largo plazo, con la promesa de que el gobierno emisor pagará a los compradores el coste del bono más un interés por la demora, que suelen ser muy bajos. La financiación del gobierno es prácticamente gratis. Simplificando, es un préstamo de un inversor que realiza al gobierno. Estos bonos también pueden ser comprados por los Bancos Centrales mediante la impresión de dinero. Asumen la deuda de un estado comprando los bonos que emiten y los incluyen en el balance del Banco Central en cuestión. Es lo que conocemos como un "rescate". Pero no nos desviemos del tema.

Por el contrario, la **renta variable** es especular en el sentido amplio de la palabra. Cuando una empresa comienza a crecer tiene que hacer frente a gastos como el pago de las nóminas de sus empleados, el desarrollo de nuevos productos, la publicidad y el *marketing,* etc. En primer lugar, estas empresas acuden a los bancos en busca de financiación para llevar a cabo su proyecto o darle continuidad, pero en algún momento dejarán de darle crédito y necesitarán seguir buscando financiación. De modo que para obtenerla "salen a bolsa". Esto quiere decir que, sobre el papel, parten su empresa en muchos pedazos emitiendo lo que conocemos como **acciones.** Son pequeñas participaciones de la empresa que ponen en venta en los mercados financieros. Los inversores compran acciones con la promesa de que transcurrido un periodo de tiempo, el cual determinará la empresa, percibirán **dividendos** (parte de los beneficios que la empresa ha generado con su actividad, en función de un porcentaje según el número de acciones adquiridas). Estos dividendos se pueden repartir trimestral, semestral o anualmente.

Grosso modo, estas son las principales diferencias entre ambas.

Siendo así, los bancos suelen tener, dentro de los servicios que ofrecen a sus clientes, carteras de inversión.

Una **cartera de inversión** es un producto financiero, compuesto por diversos activos en los que se invierte un capital determinado. Los *hedge funds* (fondos de cobertura) o los **fondos de inversión** son un grupo de gestores privados que se dedican profesionalmente a la inversión y gestión del capital de terceros. Estos profesionales normalmente operan los mercados intentando batirlos en cuanto a porcentajes de rentabilidad anualizada se refiere. Ya te aviso que muy pocos de ellos lo consiguen y los que lo consiguen no lo mantienen en el tiempo indefinidamente. Los **fondos indexados,** esos que vimos para beneficiarnos del interés compuesto, son otro tipo de productos financieros que básicamente replican la **acción del precio** o *price action* de los principales índices bursátiles, es decir, la Bolsa. Los **índices bursátiles** son instrumentos que se operan en los mercados financieros. Estos índices agrupan un conjunto de empresas de sus respectivos países, concretamente aquellas que mayor capitalización bursátil tienen. O pueden ser basados en sectores concretos como empresas energéticas, entidades bancarias, industriales, etc. También es posible invertir en *commodities* o **materias primas** como el oro, la plata, el trigo, el café o el petróleo; o índices que agrupan a éstos según sean metales preciosos, grano o el petróleo y sus derivados. En el caso de los Estados Unidos de América, podemos encontrar, entre los más importantes, el S&P500 *(Standard & Poor's)* que agrupa a las 500 mayores empresas de EE.UU., el NASDAQ100, que agrupa a las 100 mayores empresas tecnológicas del país o el DOW JONES industrial. Alemania agrupa las 30 mayores empresas en el DAX30 y España las 35 mayores en el IBEX35. Por mencionar algunos. Como decía, los fondos indexados replican estos índices, pero con algunas variaciones para definir mejor su producto en relación con el porcentaje de renta variable, el cual conlleva más riesgo, pero mayores posibles beneficios; o renta fija, que conlleva menor riesgo, pero menos beneficios también. Entre los muchos que hay podemos mencionar los más conocidos como los de Vanguard o Amundi. Una cartera normalmente se compone del 70 % de renta variable más el 30 % de renta fija, si eres un inversor agresivo (o con porcentajes mayores de renta variable cuanto más agresivo seas y menor aversión al riesgo tengas); o del 30 % de renta variable más el 70 % de renta fija (o con porcentajes mayores de renta fija cuanto más conservador seas y mayor aversión al riesgo tengas).

Estos productos son idóneos para los inversores a largo plazo, es decir, inversiones que se mantienen 1, 5, 10, 20 o 30 años. Estos son, en mi opinión, los únicos **inversores.** A secas. Con cualquier otro tipo de "inversor", en un plazo inferior a un año, estaríamos hablando de un *trader.* Pero como digo, esto es solo una opinión.

Un inversor a largo plazo puede invertir su capital en renta fija o renta variable (acciones). En esta última, se puede dar dos motivos distintos: inversor de **empresas** *growth* (en crecimiento) con un alto potencial de crecimiento en el corto plazo. Entiéndase este "corto plazo" como 1 o 5 años. Es decir, esperan que la acción de dicha empresa suba de precio en el futuro. O inversor de **empresas** *value* (de valor) cuando consideran que una empresa con una trayectoria consolidada en el tiempo tiene acciones en el mercado por un valor inferior al valor real de la misma. En el primero de los casos podríamos estar hablando de especulación pura y dura. Comprar algo muy barato con la esperanza de que en el futuro aumente su precio, aunque no aumente su valor real, y venderlo más caro para obtener beneficios. Decimos que es especulación en el sentido estricto porque el inversor de empresas *growth* no espera obtener dividendos que genere la empresa, solo la **plusvalía** que genere el aumento de precio, esto es, la diferencia entre el precio de compra (barato) y el precio al que lo venderá (caro). Estas empresas en crecimiento, de hecho, usarán los beneficios generados para recomprar sus acciones y de este modo reinvertir su capital en ellos mismos para seguir creciendo más rápido, en lugar de repartir dividendos entre sus accionistas para agradecerles su confianza, por decirlo de algún modo.

El ejemplo más claro de esta técnica podemos verlo en la crisis de los tulipanes en Holanda. En el año 1559 llegaron los tulipanes a Holanda desde Turquía, donde estaba considerada una flor sagrada. Debido a las características específicas de la tierra en los Países Bajos, los tulipanes empezaron a cultivarse en masa, emergían de la tierra con diferentes tonalidades y más coloridos. Pronto se convirtió en un símbolo de riqueza y ostentación. Todo el mundo quería tener tulipanes y a la gente le dio por comprar bulbos de tulipán. Estamos hablando de que una persona podía adquirir una vivienda en Alemania con la plusvalía generada por la venta de un solo bulbo de tulipán. Te dejo aquí otra joya del mundo de la inversión: "compra el rumor, vende la noticia". Un inversor consolidado en el tiempo, rentable y consistente, decide invertir su capital en algo que, en principio, tiene el valor que tiene. Este inversor comenta la jugada con sus colegas inversores. Ellos, haciendo uso del buen criterio del primero, deciden invertir también en ese producto. El boca a boca comienza a actuar.

El precio sube. Todo el mundo habla de las ventajas de ese producto y de porqué es una gran inversión. Las personas más o menos informadas compran y el precio sigue subiendo. Salen a la luz utilidades completamente novedosas del producto, es revolucionario, todo el mundo se está enriqueciendo menos tú, que acabas de enterarte. Y el precio sigue subiendo. Los últimos en darse cuenta de esta ventaja se suman a la fiesta, tienen lo que se conoce como el **Síndrome *FOMO*** *(Fear Of Missing Out)* o miedo a perderse algo o quedarse fuera, por sus siglas en inglés. Los más desconfiados se preguntan: "¿cómo voy a ser el único tonto que no se beneficie?". Y el precio sigue subiendo. Pasan semanas, meses, años y la burbuja no deja de inflarse. Entonces el primer inversor y sus colegas deciden que ya ha llegado el momento de retirar las ganancias. Comienzan a vender, en lo alto de la cresta. El precio baja en caída libre cuando los "segundos" inversores se percatan y retiran sus ganancias antes de que el precio continúe bajando. Los últimos que llegaron a la fiesta lloran esa noche y muchas de las que están por venir. Han perdido todo su dinero. Ya lo dijimos, el *timing,* el momento, es la clave.

Ahora hagamos un ejercicio imaginativo y creativo. Sustituyamos "inversor consolidado, rentable y consistente" por "empresario de éxito" y "tulipanes" por "criptomonedas". ¿Ves por dónde voy? En realidad, no conozco todos los detalles en los que se basan las criptomonedas. De hecho, mis referencias sobre estos activos no van más allá de que algunos de ellos, como Bitcoin o Ethereum, pueden llegar a ser el futuro de las transacciones entre personas por su rapidez y seguridad *inhakeable* o como por fortuna sea. Ni hablemos ya de las criptomierdas que hay circulando por ahí, siendo compradas por los más avispados; siendo presas de la trampa, de la estafa y la vergüenza posterior a la euforia de haber encontrado un futuro prometedor fácil, sencillo y barato. Pero hoy, año 2021, son una burbuja que ya ha sufrido algún que otro pinchazo. Son, sin duda, los tulipanes del siglo XXI. Es decir, ¿realmente un producto así vale 60.000 dólares? Pues sí, amigo. Y 100.000 dólares, si quieres. Vale tanto como el valor que la población mundial quiera darle. Como digo, no conozco ni de lejos el mundo de las criptodivisas, de modo que no me detendré en ello. No quiero darte una opinión incompleta o equivocada, más allá de la ya expresada. Cambiemos de tercio.

Abordemos ahora a los inversores a medio o corto plazo: los **traders**. Dentro de los cuales podemos distinguir a los **swing traders,** cuyas operaciones tienen una duración de días, semanas o meses, pero no más de un año. De otro lado, encontramos a los **day traders,** los cuales realizan su operativa en un solo día, es decir, no dejan abierta ninguna posición para el día siguiente cuando cierran los mercados. Aunque estén dentro de una posición, sea ganadora o perdedora, la cerrarán antes de que cierre el mercado. Finalmente, hablamos de los **scalpers,** los cuales realizan sus *trades* en unos pocos minutos, incluso operaciones de un puñado de segundos. Todos ellos pueden realizar sus operaciones tanto en renta variable como en renta fija, el mercado es libre. Sin embargo, pocos *day traders* encontrarás que hagan nada en renta fija, dado que este tipo de operativa se basa en la **volatilidad** del precio en el mercado, es decir, la rapidez del movimiento, la fluctuación del precio aprovechando tanto las subidas como las bajadas del mismo. Esto no sucede en la renta fija; la renta fija es lenta y aburrida.

Perfecto. Hemos repasado qué tipo de rentas existen para invertir nuestro capital y quiénes usan una u otra, así como algunos activos financieros que pueden darte una idea de lo que se cuece en esta olla. Profundizaremos más tarde en ellos. Recuerda que mi intención es hacer un mapa conceptual amplio para que puedas tener una visión general, panorámica, del mundo que nos rodea dentro de la actividad del *trading*.

Hagamos, entonces, un esquema de todo esto:

- Formas de rentabilizar tu capital:
Renta fija: bonos (deuda pública).
Renta variable: acciones, índices, CFD's, ETF's, etc.

- Tipos de inversor:
A largo plazo (desde 1 a 10, 20 o 30 años):
   - Inversor agresivo: 70 % RV+30 % RF.
   - Inversor moderado: 50 % RV+50 % RF.
   - Inversor conservador: 30 % RV+70 % RF.

A medio o corto plazo:
   - *Swing Trader* o *trader* a medio plazo: varios días, semanas o meses.
   - *Day Trader* o *trader* a corto plazo: desde minutos a horas, en todo caso dentro de la misma sesión.
   - *Scalper* o *trader* a muy corto plazo: desde segundos a minutos.

- Vehículos de inversión:

Para inversores: carteras de inversión de bancos, fondos de inversión, *hedge funds* (fondos de cobertura) o fondos indexados.

Para *traders:* inversión gestionada directa y activamente por ellos mismos mediante brókeres y plataformas de *trading*.

¿POR QUÉ *TRADER*?

¿Qué es el *trading*?

Si piensas que es una actividad en la que se consigue dinero rápido y fácil, ¡has acertado! La pega está en que no lo consigues tú, sino las personas que se dedican a este negocio profesionalmente. Es una actividad muy dura, sacrificada, frustrante e insatisfactoria, al menos al principio. Los primeros meses o años vas a perder dinero, probablemente. Hazte a la idea. ¿O acaso has pensado alguna vez en ser médico, cirujano o arquitecto con una formación de 3 meses? Fíjate que he mencionado profesiones bien pagadas, solo algunas de ellas. No puedes pretender ganarles dinero a los mercados con 3 o 6 meses de formación, es decir, no puedes esperar recibir beneficios constantes y abultados sin pasar por un procedimiento de aprendizaje en el que falles y te levantes, una y otra vez. Es parte del proceso. De lo que se trata es de sobrevivir el tiempo suficiente a la curva de aprendizaje para seguir dentro cuando hayamos aprendido a ser rentables y consistentes.

Dicen que si quieres aprender algo la mejor forma de hacerlo es enseñándoselo a alguien. Debes entender que cuando te hablo a ti, también me estoy hablando a mí mismo. Entonces, ¿por qué queremos ser *traders*? ¿Queremos conseguir respeto, *status,* autoridad, sentirnos realizados? ¿O simplemente queremos dinero? Porque, déjame que te diga, todos queremos dinero. ¿Por qué queremos ser un *trader* rentable y consistente? Es un reto complicadísimo de superar, pero deseo experimentar el éxito en esta actividad. Seguramente te planteas esto. Mi pareja, mi hermano, mis amigos o mis padres me preguntan a qué me dedico creyendo, quizás, que el camino que estoy tomando sea fruto de la codicia. Nada más lejos de la realidad. Claro que quiero dinero, todos queremos dinero. Pero debemos aprender que el dinero es solo un medio para un fin. Viajes, casas, caprichos; pero no se trata solo de conseguir esta lista de deseos. Se trata de complacer a las personas con quien compartes estos deseos. Un viaje inesperado con tu pareja; una casa, en la playa, para mis padres quienes tanto han luchado y se han sacrificado por mi hermano y por mí; o experiencias que regalarme, como tirarme desde un puente o desde un avión en paracaídas; queremos momentos con nuestra familia, queremos solvencia y tranquilidad, poder sentarnos en cualquier restaurante y no echar cuenta a los precios… Resulta curioso: quiero dedicarme a mirar precios toda la jornada de *trading* para luego más tarde no tener que hacerlo…

Es evidente que cualquier persona que aterriza en esta pista tiene expectativas desproporcionadas a la realidad. Una vez que te estrellas contra el primer muro ya puedes calmarte, ya puedes dejar de pensar que vas a ser rico en tres días, que vas a donar parte de tus ganancias a causas humanitarias por el simple hecho de ser altruista. Cuando te estampas contra ese primer muro ya puedes dejar de pensar que vas a solucionar la vida de todas las personas que te rodean. Cálmate. Con que soluciones tu vida y puedas pagar tus facturas gracias a esta actividad ya habrás ganado y no sabes cuánto.

No me malinterpretes. No digo que no debas pensar a lo grande. Soñar con todo eso es bueno, siempre y cuando lo hagas siendo plenamente consciente de que no vas a conseguir ser rentable y consistente en tres días. De hecho, pienso que está bien quemar una cuenta pequeña al principio, haciendo locuras sin sentido, creyéndote capaz de todo. No digo que lo hagas, pero si lo has hecho y aun así estás leyendo este libro, no te preocupes. Es justo la señal de que verdaderamente quieres aprender este negocio. Tenemos que trabajar para conseguirlo, ¡vamos a conseguirlo! Estamos juntos en esto.

Hace poco en la boda de un familiar, ya habíamos cenado y la noche ofrecía dispersión en abundancia. La celebración estaba en todo su apogeo y yo, con mi copa en una mano y un cigarro en la otra, solo le daba vueltas en mi cabeza a una conversación que aún no había sucedido.

Pocos días antes de este evento me preparaba para hacer mi primera inversión. Iba a adquirir un inmueble modesto para rentarlo. Quería mover el poco dinero que tenía en la cuenta bancaria. Justo en ese periodo de tiempo un amigo que se dedica a la compraventa de vehículos me ofreció hacer un negocio con él, uno muy rentable. No pude aceptarlo, no disponía del capital y no podía echarme para atrás con la adquisición del inmueble en el último momento. Llevaba un año formándome, investigando, conociendo el mundo de la inversión inmobiliaria para hacer las operaciones con algo de coherencia y sentido. Echarme para atrás en esa operación, mi primera operación inmobiliaria, después de tanto tiempo buscando, habría significado un fracaso para mí. ¿Estaba tomando una decisión equivocada? Volvamos a la boda.

Entre los asistentes estaba mi tío. Llevaba desde entonces pensando en una posible conversación con él, dudoso de si querría dedicarme unos minutos de su tiempo para instruirme o, al menos, darme algún valioso consejo para aplicar a los negocios futuros que pensaba, seguro vendrían. Es el típico hombre de éxito, que se hizo a sí mismo, que comenzó desde cero trabajando la tierra en el campo, más tarde vendiendo libros "a puerta fría", emprendiendo un negocio de telecomunicaciones, inversiones inmobiliarias. Etcétera. Una gran fortuna.

En esos momentos yo estaba ansiando un consejo suyo al respecto, una señal, un susurro, que me diese la confianza y la seguridad de que estaba tomando buenas decisiones. En cualquier caso, me ofreció no solo unos minutos, diría que fue más de hora y media de intensa conversación, llena de experiencia y revelación. Él fue la señal de entrada al mercado más clara que he experimentado jamás. De entre las muchas cosas que me dijo, una quedó grabada en mi mente. Con su voz quebrada y la profundidad de sus ojos, me miró y me dijo: "Alberto, el negocio más lucrativo en toda la historia siempre ha sido comprar y vender…". Me explotó la cabeza. Y más aún por la obviedad del momento. Yo andaba ya con mi primera cuenta a cero en el bróker, planteándome si éste era el mejor camino para obtener un rendimiento de mi futuro capital… ¿Y me dice esto? Te parecerá mentira, pero en ese instante me percaté de que el *trading* es justo eso: comprar y vender. Ya estaba en el lugar correcto. Solo tenía que aprender el negocio.

EL CAIMÁN DE *WALL STREET*

No somos lobos, mucho menos osos o toros. Somos caimanes, compañero. Así funciona este negocio para nosotros. Agazapados, ocultos entre barro y agua turbia, esperando nuestro momento para atacar al mercado y sacarle un puñado de puntos. En el mejor de los casos, parar a tiempo, cerrar el portátil y no perderlos de nuevo. Salimos en un hora de nuestro *Wall Street*, satisfechos por la caza del día, nos dirigimos a la cocina, abrimos la nevera y nos tomamos una cerveza para celebrar el resto de la jornada. Así funciona este negocio para nosotros, somos *traders* independientes, somos caimanes.

Hace diez años el mundo del *trading* estaba más lejos del común de los mortales. Pareciera entonces inaccesible, que no lo era. Pareciera que necesitaras tener un gran capital con el que invertir, un agente de bolsa personal que realizara tus operaciones o una licencia específica para dedicarte a esta actividad. Todo esto, afortunadamente, ha cambiado. Se ha popularizado tanto este negocio que los profesionales, las cuentas institucionales y los bancos se están frotando las manos. Ellos son las denominadas **"manos fuertes",** cuentas con tanto capital que son capaces de mover el precio de un activo ellas solas. Esto es la manipulación de los mercados. Nosotros, por nuestra parte, somos las denominadas **"manos débiles"**. Estamos obligados a seguir su juego si queremos obtener algún rédito de nuestro capital. Por tanto, tenemos la obligación de conocer su terreno, su juego. No te invitan a la mesa de póker para que ganes, te invitan haciéndote creer que puedes ganar y quitarte tu dinero. Pero aún no es el momento. Lo de perder nuestro dinero llegará más tarde. De momento, volvamos a los brókeres.

Actualmente, todo el mundo tiene fácil acceso a un bróker donde depositar sus fondos y éste te facilita una plataforma de *trading* con la que ejecutar tus operaciones. Bendito mundo digital. En efecto, antiguamente debías tener un agente de bolsa al teléfono para realizar cualquier operación en mitad del frenesí del mercado.

Ahora solo necesitamos un ordenador, buena conexión a internet, un bróker y una plataforma de *trading*. Acostumbramos a confundir estas dos últimas o al menos yo lo hacía. No son lo mismo. Un **bróker** es una entidad, una empresa. A esta empresa le depositas tus fondos en la cuenta que ellos designan para que los custodien y operen con ellos. Con la **plataforma de *trading*,** que te ofrece el bróker (puede ser propia o ajena), tú realizas las órdenes de las operaciones directamente, aunque es el bróker quien ejecuta esas órdenes mandándolas al mercado, haciendo las veces de intermediario entre el mercado y tú.

Es por esto por lo que cobra importancia tener un ordenador decente, no es necesario que sea el mejor, pero sí decente; y sobre todo una buena conexión a internet. Ambos elementos te permitirán reducir al máximo el tiempo de ejecución de tus órdenes. Es un detalle mínimo: te recomiendo usar un ratón y un teclado conectados por cable al ordenador; nada de periféricos inalámbricos. Es mínimo, como digo, pero es un punto más a favor. Aunque no debes obsesionarte con este tema. Tus ganancias o tus pérdidas no van a depender de la velocidad de ejecución en la mayoría de los casos. Si ganas o pierdes será gracias a tu plan de *trading*.

Sin embargo, hay algunos conceptos que no están de más conocer que debes valorar antes de "tradear".

El *spread* es la diferencia entre el precio de oferta y el precio de demanda. Cuando entres al mercado abriendo una posición, siempre lo harás con una pequeña pérdida. Esto se debe a esta diferencia.

Las **comisiones** son lo que pagas al bróker por el servicio que te presta abriendo y cerrando tus órdenes.

El *slippage* es un deslizamiento del precio. Cuando hay tanta volatilidad en el movimiento del precio, a menudo, se producen deslizamientos en el precio desde el momento que pulsas el botón de ejecutar una orden hasta que realmente se ejecuta, es decir, hasta que tu bróker consigue ejecutar dicha orden. Cuanto mayor sea la rapidez del movimiento del precio mayor será el deslizamiento que sufrirá tu orden, obteniendo un peor precio del que querías conseguir.

Margin call. No querrás que te suceda. El *margin call* es la llamada que recibirás si tu bróker detecta que mantienes una posición abierta a pérdida y tu margen de patrimonio se está agotando. En esta llamada te ofrecerá dos posibilidades: ingresar más fondos para mantener la posición perdedora abierta (eres libre de pensar o sentir o tener la corazonada de que en breve recuperarás la posición) o cerrar la operación de inmediato. La consecuencia, si no haces ninguna de las dos, es que tu bróker cerrará la posición por ti. Inevitablemente.

Otro término a tener en cuenta es el ***swap* diario.** Esta es otra pequeña comisión que te cobra el bróker por mantener tu posición abierta en *overnigth*, es decir, de una sesión a otra. El periodo ***overnigth*** no es otra cosa que la franja de tiempo en que los mercados permanecen cerrados. Dependiendo del mercado, el periodo *overnigth* puede ser de quince minutos o varias horas. De cualquier modo, tu bróker te cobrará el *swap diario* igualmente. Esta es una de las formas que tienen de lucrarse, entre otras.

Por último, voy a pedirte que prestes la máxima atención posible. Puede que ya hayas escuchado algo sobre este último concepto del que te quiero hablar. Me refiero al **apalancamiento.** Es el valor que puede llegar a tener tu capital. De forma virtual, el bróker te presta una cantidad de capital por cada unidad de capital que constituya tu patrimonio. Intentaré explicártelo con un ejemplo. Normalmente, las regulaciones nacionales de cada estado les permiten a los brókeres ofrecerte un máximo apalancamiento de 1:20, es decir, por cada unidad de tu patrimonio, el bróker solo tiene permitido prestarte 20. De esta forma tu capacidad de inversión aumenta y esto significa que los beneficios por operación serán mayores, pero las pérdidas también. El motivo de regular este aspecto es precisamente este, minimizar las locuras que puedan hacer los incautos. Que no es nuestro caso, pero he de advertirte. Hemos de tener cuidado con el apalancamiento. Es peligroso si no se usa responsablemente.

Creo que con estos siete conceptos bastará por el momento. Todos y cada uno de ellos varían en función del bróker que uses y del instrumento financiero que operes. Revisa esta información cuidadosamente. Hay brókeres que ofrecen *spreads* menores que otros, pero quizás te cobren una comisión por mantener tu cuenta con ellos. Hay brókeres que no cobran comisión por operación dependiendo del activo o instrumento y otros que cobran por cada una de ellas, es decir, comisión por entrar en una posición y comisión por salir de la misma. En cuanto al *slippage,* no es algo preocupante, aunque si quieres operar haciendo *scalping* quizás sí sea algo a tener más en cuenta dado que con este tipo de operativa buscamos recorridos cortos del precio y cualquier punto que "nos quiten" puede suponer una diferencia importante. También hay brókeres que se centran en ofrecer la máxima precisión y rapidez en la ejecución de órdenes a sus clientes. Investígalo.

Independientemente, te repito: ganar o perder dependerá de una buena ejecución de tu plan de *trading.*

En otro orden de cosas, al principio de este capítulo mencionamos los toros, los osos y otros animales poderosos. Y es que resulta curioso el uso de esta terminología. En el mundo de la inversión, los compradores son denominados **toros** o ***bulls***, en inglés; y a los vendedores se les denominan **osos** o ***bears***. Pero ¿de dónde surge esta idea?

Pues bien, existe poca documentación al respecto, pero se dice que proviene del proverbio "no vendas la piel del oso antes de cazarlo". Y es que, en el siglo XVIII, algunas personas dedicadas a operar en los mercados de acciones trataban de vender las pieles a un precio más caro, sin tenerlas aún en su haber, con la esperanza de comprarlas en un futuro cercano a un precio más barato antes de la fecha de entrega. Este hecho derivó en que fuesen conocidos como "trabajadores de las pieles de oso" dado que "vendían" las pieles antes de conseguirlas realmente. Todo esto, bajo la falsa creencia de que el mercado siempre tiende a subir, es por lo que fue considerada una práctica muy arriesgada, antes y ahora. Por otro lado, la idea de que los compradores son considerados toros se populariza a raíz del movimiento que ambos ejercen. Los toros, cuando se mueven contra su objetivo cargan su embestida, realizando un movimiento ascendente desde abajo. Análogamente podemos pensar en cómo los compradores cargan sus posiciones a largo plazo conforme los precios siguen subiendo, consiguiendo un movimiento del precio ascendente desde abajo.

Por último, un apunte. Cuando se realizan compras o ventas en un activo, decimos que entramos en **una posición**. Al salir, retiramos nuestra posición. Si realizamos una compra, nos posicionamos **en largo** o **compra en largo,** mientras que si vendemos, nos posicionamos **en corto** o **venta en corto.**

TODA UNA ORQUESTA A TU DISPOSICIÓN

Después de entender qué requisitos se nos exigirán para operar, dónde hacerlo y a través de quién hacerlo, vamos a detenernos ahora en qué operar.

Existen muchos mercados financieros. Los cinco más importantes son: FOREX, Futuros, Valores, Bolsa y Criptodivisas. Vamos a verlos uno por uno.

El **Mercado de Divisas** o **FOREX** es el primer mercado que se creó cuya sede central se encuentra en Reino Unido. Es el mayor mercado que existe tanto por duración de las sesiones, como por la negociación o actividad que se produce en torno a éste. En este mercado se negocian los **pares de divisas,** es decir, el tipo de cambio entre el valor de la moneda de un país contra el valor de la de otro. Dentro del mercado FOREX encontramos pares de divisas **mayores** o *majors* y **menores** o *minors.* Los que interesan, *a priori,* son los pares *majors*, los cuales concentran la mayor cantidad de negociaciones de entre todos los pares y esto se traduce en que los brókeres nos ofrecen *spreads* más bajos que en el resto. Los pares de divisas *majors* son el Euro contra el Dólar estadounidense (EUR/USD), la Libra esterlina conta el Dólar estadounidense (GBP/USD), el Dólar estadounidense contra el Yuan japonés (USD/YJP), el

Euro contra el Yuan japonés (EUR/YJP), el Franco suizo contra el Dólar estadounidense (CHF/USD), el Dólar australiano contra el Dólar estadounidense (AUD/USD), el Dólar canadiense contra el Dólar estadounidense (CAD/USD) y el Dólar neozelandés contra el Dólar estadounidense (NZD/USD).

En el **Mercado de Futuros** se negocia con contratos la compra o venta de algunas materias primas con fecha futura. Esto significa que en el presente negocias el precio que pagarás en el futuro. El ejemplo más claro es el mercado de futuros del petróleo. Con éste, las empresas que se dedican a comerciar el crudo negocian un precio determinado con las productoras de esta materia para asegurarse una estabilidad con su proveedor y que no haya sorpresas en el futuro en caso de que suba drásticamente de precio. Los metales preciosos, como el oro y la plata; o el grano, como el trigo, el maíz o el café, también forman parte de este mercado, como **materias primas** o *commodities.*

Respecto al **Mercado de Valores** podemos diferenciar dos grandes grupos dentro de éstos: **renta fija** y **renta variable,** que ya hemos visto. La renta fija son **bonos** que van desde la deuda pública a la hipotecaria, pasando por participaciones preferentes entre otras. Con respecto a la renta variable diremos que las **acciones** o *stocks* cotizan cada una de ellas bajo una **etiqueta** o *ticker* específico. Por ejemplo, las acciones de Apple la encontrarás en tu plataforma de *trading* bajo el *ticker* AAPL, las de Facebook con FB o las de Coca-Cola con KO. Si necesitas buscar un *ticker* concreto puedes hacerlo con una búsqueda rápida en el buscador de acciones de páginas webs como www.investing.com.

Por otro lado, la **Bolsa,** los índices ya comentados anteriormente, pueden ser de muy diversos tipos agrupando empresas por continentes, países, sectores, materias primas, etc. Además del S&P500, el NASDAQ100, el DOW JONES industrial y el de transportes, el DAX30 o el IBEX35, podemos mencionar el NIKKEI (bolsa de Japón), el FTSE100 (bolsa de Gran Bretaña), el CAC40 (bolsa de Francia), el FTSE MIB (bolsa de Italia) o el EUROSTOXX50 que agrupa las 50 empresas más importantes de Europa. Cada índice suele estar acompañado del número de empresas de mayor capitalización bursátil en su nombre. Pero la formación de estos índices, es decir, el modo de componerlos no tiene porqué ser igual en todos los casos. Algunos de ellos cotizan el valor de las empresas dándoles el mismo peso a todas ellas en la participación de la cesta que compone el índice; otros, en cambio, dan un mayor peso o porcentaje a algunas de las empresas en concreto, por lo que su importancia dentro del índice sería más relevante.

El **Mercado de Criptodivisas** o **Criptomonedas** está a la orden del día y es muy probable que no hayas podido evitar oír hablar de éste. Bitcoin y Ethereum encabezan los activos más negociados, aunque existen muchos otros, algunos de ellos de dudosa reputación. Entre otros está Ripple, Litecoin o Cardano (ADA). Este mercado es extremadamente volátil y, aunque hay algunos brókeres que se adaptan bien a él, el *spread* por el que debes pasar al operar estos activos suele ser bastante grande, por lo que si no es una inversión a medio o largo plazo puede no ser la mejor de las alternativas posibles.

Estos son los mercados. A diferencia de éstos, existen **instrumentos financieros** mediante los cuales operaremos en esos mercados. Cuando operamos debemos tener en cuenta que podemos meter nuestro dinero en activos centralizados. Para que nos entendamos, aquellos en que la cotización del precio del activo es la real como, por ejemplo, las acciones. Pero para operar estos activos, por lo general, los brókeres requieren grandes depósitos o fondos de garantía a los operadores. Sin embargo, los que conocemos como *market makers* o **creadores de mercado** ofrecen a sus clientes una serie de instrumentos para operar esos mismos activos con la ventaja de que los requisitos de garantía por parte del operador son menores. Esto se traduce en que al abrir una cuenta en el bróker podrás hacerlo con una cantidad mínima de dinero como depósito, por fortuna para nosotros los principiantes que comenzamos a explorar estas tierras. Pero al invertir en estos instrumentos no lo hacemos sobre el activo real sino sobre una réplica del precio de cotización del activo subyacente, es decir, el activo en el que está basado el instrumento.

Los **CFDs** o **Contratos por Diferencia,** por sus siglas en inglés, son instrumentos derivados al contado que replican el precio de un activo donde la ganancia o pérdida se produce por la diferencia entre el precio de oferta y el precio de demanda. Dicha réplica del activo subyacente la ofrece el bróker a sus clientes y, por lo general, no suelen tener variaciones significativas con respecto a la cotización real del activo (algunas variaciones podrían darse cuando vence el contrato por *rollover*), pero debes tener especial cuidado con aquellos brókeres que no estén debidamente regulados ya que no podrás hacer ningún tipo de reclamación si desaparece de un día para otro con tu dinero o las variaciones en la cotización del activo son exageradas.

Los **ETFs** son fondos cotizados que, en esencia, son una cesta de valores que cotizan en Bolsa. Por ejemplo, lo que hemos visto ya: los índices.

En resumen, cuando decidimos invertir nuestro capital podemos estar comprando el activo real o el subyacente dependiendo de a través de qué instrumento realicemos la operación. Por ello, es recomendable comprobar si el bróker con el que quieres trabajar está debidamente regulado por alguna comisión decente. Quiero decir que las hay más laxas en la aplicación de su regulación (cosa que no nos interesa) y más rígidas. Entre estas últimas podemos mencionar algunas como la SEC (*Securities and Exchanges Commision* de los Estados Unidos de América) que cuenta como la más rígida de todas ellas, la BAFIN (*Bundesanstalt fur Finanzdienstleistungsaufsicht* de Alemania), la FCA (*Financial Conduct Authority* de Reino Unido) o la CNMV (Comisión Nacional del Mercado de Valores de España). Muchos brókeres aportarán un número de registro en alguna o en muchas de las comisiones reguladoras del mercado de valores que deberás comprobar en la página oficial de dicha comisión para verificar que ese número realmente existe. Pero como digo, lo importante, aunque estén regulados por muchas o pocas comisiones, es valorar qué fiabilidad tiene dicha comisión para estimar la confiabilidad y seguridad que puede merecerte ese bróker.

Ahora un pequeño repaso de lo que hemos visto:

- Mercados financieros:
    - FOREX o Mercado de Divisas.
    - Mercado de Futuros.
    - Mercado de Valores (Bonos o Acciones).
    - Bolsa (Índices).
    - Mercado de Criptodivisas.
- Instrumentos:
    - Activos reales.
    - CFDs.
    - ETFs.
- Comisiones reguladores de los Mercados:
    - SEC (EE.UU.).
    - BAFIN (Alemania).
    - FCA (Reino Unido).
    - CNMV (España).

EL TÉCNICO

Hemos visto ya algunos conceptos de interés. Comenzamos a adentrarnos de lleno y queremos seguir descubriendo los entresijos del negocio.

Voy a comenzar explicándote lo que seguramente más llama nuestra atención. Las velas japonesas, los patrones y figuras que pueden formar en el gráfico, las líneas que seguramente ya hayas visto dibujadas en cualquier gráfico de precios. En definitiva, comenzaremos por aprender las bases del **análisis técnico.** Pero antes, hagamos un parón para saber un poco más del origen de esta fantástica actividad. Déjame contarte una historia.

EDO, JAPÓN

Siglo XVII. Los *daimio* o señores feudales de Japón no dejaban de luchar entre ellos hasta que el general Tokugawa Ieyasu ganó la batalla de Sekinahara en el año 1600. El General ayudó a unificar Japón instando a todos los señores feudales que se reunieran en *Edo,* la actual Tokio, para vivir juntos en paz y armonía. Y así lo hicieron. Pero la tranquilidad duró poco. Los *daimio* eran ostentosos y derrochadores, y competían entre ellos intentando demostrar sus grandes riquezas por encima del resto de señores feudales. Las grandes riquezas estaban basadas en los impuestos que cobraban a los campesinos que trabajaban las plantaciones de arroz en sus tierras. Pronto se vieron casi obligados, por su alto nivel de vida y gastos innecesarios asociados, a vender cosechas futuras. Fue así como se creó el primer mercado de futuros. La transacción no era inmediata. El arroz vendido no se había plantado siquiera, pero el pago del precio sí se realizaba en el momento de la venta. De esta forma, quienes adquirían el arroz se aseguraban un precio más bajo o, al menos, un precio fijo para evitar sorpresas si es que el valor del producto seguía subiendo en el futuro. Es por esto por lo que surgió la necesidad de representar el precio del arroz futuro de un modo sencillo que todo el mundo pudiera entender. Nació el concepto de las que hoy conocemos como velas japonesas. Los japoneses fueron, por tanto, los primeros en usar el análisis técnico para operar los mercados de futuros del arroz.

LAS BASES DEL ANÁLISIS TÉCNICO

Entramos de lleno en materia. Hemos hecho un repaso a conceptos generales, desde un punto de vista macroeconómico. Éstos te serán de gran ayuda a lo largo de toda tu vida, en tu plan de inversión. Pero no fue eso lo que te trajo hasta aquí. Vamos a ver cuáles son las bases del Análisis Técnico y por qué la gran mayoría de operadores de los mercados trabajan bajo estas "normas o reglas" de alta probabilidad.

Vamos a comenzar por definir en qué consiste el **Análisis Técnico**. Éste nos ayuda a determinar la dirección que es más probable que tome el precio de un activo en el futuro. Además, gracias al Análisis Técnico nos será más fácil localizar áreas o puntos claves que posiblemente tendrán un gran impacto en el resultado del movimiento. Este resultado puede ser una **consolidación** (parada en el precio), una **aceleración** o una **desaceleración;** o, tal vez, estemos ante un **cambio de dirección** del precio.

Las consolidaciones del *price action* o acción del precio pueden ser procesos **acumulativos** o **distributivos,** según se traten de continuaciones de tendencia o cambios de la misma, respectivamente. Este concepto se aplica tanto para tendencias alcistas como bajistas, pero lo veremos con mayor profundidad más adelante, cuando abordemos una metodología específica de la acción del precio.

Los movimientos del precio o **tendencias** pueden ser, en resumen, de tres tipos distintos. Una **tendencia**

alcista estará formada por una concatenación de máximos y mínimos crecientes como puedes observar en la Figura 2.

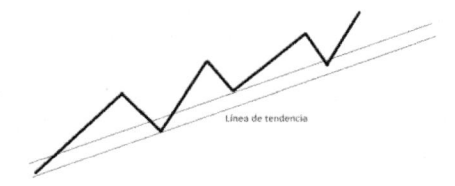

Figura 2. Ejemplo gráfico de Tendencia Alcista (de elaboración propia)

Las **tendencias bajistas,** por el contrario, estarán formadas por una concatenación de máximos y mínimos decrecientes (Figura 3).

Figura 3. Ejemplo gráfico de Tendencia Bajista (de elaboración propia)

Las personas que se inician en el *trading*, o inversores, suelen pensar que el mercado solo puede moverse de forma binaria. Subir o bajar. Pero esto no es del todo así. Como decíamos, hay una tercera alternativa: una **tendencia lateral** o **indiferenciada,** la cual se produce cuando la acción del precio no toma una dirección determinada (Figura 4).

Figura 4. Ejemplo gráfico de Tendencia Lateral o Indiferenciada (de elaboración propia)

Para determinar una tendencia u otra debemos trazar una línea, denominada **línea de tendencia,** intentando unir el máximo número de puntos máximos y mínimos. La forma correcta de realizarla es uniendo los máximos descendentes para una tendencia bajista y los mínimos ascendentes para una tendencia alcista. Esto nos dará una imagen clara de qué tenemos delante.

Esta es la forma que tienen de moverse los mercados. Pero, si no te has percatado ya (y ya hemos hecho mención de esta característica de forma implícita), la dirección que esté tomando el precio depende del *timing*. El momento es clave. Si te fijas, en cualquiera de las tres figuras anteriores, en algún momento de la tendencia alcista hubo bajadas. Éstas son los llamados **retrocesos.** En el caso de las tendencias bajistas estos retrocesos serán las subidas momentáneas del precio. ¿Qué quiere decir esto? Que los gráficos son fractales. Para explicar mejor este concepto permíteme antes que te hable de las **temporalidades.**

Hay distintos gráficos, en cuanto a temporalidad se refiere, con los que podemos trabajar para hacer un análisis técnico. Gráficos de 1 minuto, 5 minutos, 15 minutos, 30 minutos, 1 hora, 4 horas, 1 día, 1 semana, 1 mes o todo el histórico del activo. Cuando estés en tu plataforma de *trading,* estas temporalidades vendrán marcadas con el respectivo número y con una "M" (minutos), una "H" (horas), una "D" (días), una "W" (semanas, por su sigla en inglés: *Week)* o con "MN" (meses, por sus sigla en inglés: *Month),* según se trate de una u otra temporalidad.

Bien. Cuando decíamos que el movimiento del precio es **fractal,** queremos decir que este movimiento se compone de otros movimientos de menor tamaño dentro del superior. Es decir, un espacio de tiempo de D1 que es alcista estará compuesto por movimientos alcistas, bajistas o laterales que podremos ver si disminuimos la temporalidad del gráfico de ese día (o periodo de tiempo que corresponda) a una temporalidad de H1, por ejemplo. Ahondaremos en este concepto cuando veamos la Teoría de Elliot.

De momento, lo que tenemos que saber es que, cuando operemos, debemos tener en cuenta la tendencia principal de la temporalidad superior a la que vayamos a ejecutar nuestras órdenes de compra y de venta. De hecho, lo que generalmente se recomienda es que solo tomes posiciones a favor de esa tendencia de temporalidad superior. Es decir, si quieres operar en gráficos de 5 o 15 minutos, deberíamos tener en cuenta la tendencia principal del gráfico de 1 hora en ese mismo activo. Si, por ejemplo, esa tendencia es alcista, solo tomaremos posiciones o buscaremos oportunidades de compra. El motivo de esta recomendación no es otro que, sobre todo al principio, determinar un buen *timing* de entrada y de salida será una tarea sumamente difícil. Por tanto, hasta que nos adaptemos a la operativa, tendremos menos probabilidad de perder nuestro capital si optamos por esta alternativa, puesto que tarde o temprano el movimiento del precio tenderá a continuar el recorrido de la tendencia superior. Aunque no tiene que ser necesariamente así, como veremos.

Entiende que en *trading* se habla de probabilidades, de estrategias de alta probabilidad. Etcétera. No hay nada cierto, solo altas probabilidades de éxito. No se puede predecir el futuro. Pero sí podemos operar en base a una alta probabilidad de que ocurra esto o aquello otro.

Resumamos las características principales de la tendencia:

- Todos los movimientos tendenciales, que son fractales, presentan movimientos inferiores, los cuales pueden ser en la misma o distinta dirección del movimiento de grado superior.
- Una ruptura de la línea de tendencia no significa, necesariamente, un cambio en la tendencia. Lo que sí es cierto, es que nos alerta de un cambio en la velocidad del movimiento.
- Por último, ten en cuenta la importancia de revisar las temporalidades superiores a la que vayas a operar:
    - Si operamos en un gráfico diario, tomaremos como referencia la tendencia principal del gráfico semanal.
    - Si operamos en un gráfico de 1 hora, tomaremos como referencia la tendencia principal del gráfico diario.

- Si operamos en un gráfico de 15 minutos, tomaremos como referencia la tendencia principal del gráfico de 1 hora.
- Si operamos en un gráfico de 1 minuto, tomaremos como referencia la tendencia principal del gráfico de 15 o 30 minutos.

Esto, que parece obvio, es algo que a menudo olvido hacer. Cuando tengas acceso a tu plataforma de *trading* ponlo en práctica tan pronto como te sea posible. Es un ejercicio básico, pero de gran utilidad, que nos da una perspectiva más amplia del movimiento que se está produciendo. Practícalo continuamente desde el inicio de tu sesión de *trading;* muchas veces, después de algún tiempo operando obcecados dentro del gráfico, perdemos la visión de conjunto y, quizás, en esa temporalidad más alta el movimiento del precio está cambiando y tú ni siquiera te has dado cuenta.

Continuemos viendo los soportes, las resistencias y las zonas pivote.

Los **soportes** son niveles de precio donde la demanda o, mejor dicho, la intención de demanda supera a la oferta. Esto provoca una parada en el movimiento bajista y, a continuación, un rebote hacia arriba. Podemos decir que para que exista soporte en un nivel de precio, éste debe haber sido soportado al menos dos veces. Cuanto mayor sea el número de veces que lo ha soportado, mayor efectividad tendrá el soporte y, por tanto, será más difícil de atravesar en un movimiento posterior a la baja (Figura 5).

Figura 5. Ejemplo gráfico de Soporte (de elaboración propia)

Las **resistencias** son niveles de precio donde la oferta o, mejor dicho, la intención de oferta supera a la demanda. Esto provoca una parada en el movimiento alcista y, a continuación, un rebote hacia abajo. Podemos decir que para que exista resistencia en un nivel de precio, éste debe haber sido resistido al menos dos veces. Cuanto mayor sea el número de veces que lo ha resistido, mayor efectividad tendrá la resistencia y, por tanto, será más difícil atravesar en un movimiento posterior al alza (Figura 6).

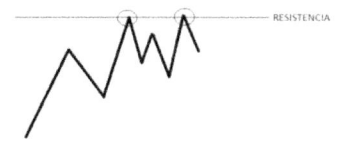

Figura 6. Ejemplo gráfico de Resistencia (de elaboración propia)

Por último, las **zonas pivote** son una combinación de resistencias y soportes. Cuando el precio alcanza una zona de soporte, ésta es superada o atravesada por la acción del precio. Después de algún tiempo, esa misma zona que en el pasado fue de soporte, ahora se comportará como zona de resistencia. Fíjate en el gráfico siguiente (Figura 7) para entenderlo mejor.

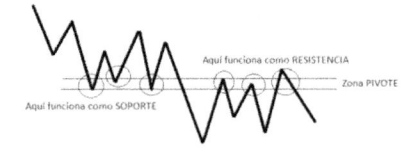

Figura 7. Ejemplo gráfico de zona pivote (de elaboración propia)

Resumamos, brevemente, las características de los soportes y las resistencias:

- Los soportes y resistencias son niveles de precio donde el *price action* rebota.
- Cuantas más veces hayan ejercido como soportes o resistencias, mayor efectividad tendrá esa zona para volver a actuar como tal.
- Los **números redondos** ejercen como soportes y resistencias psicológicos cuando el movimiento del precio llega por primera vez a esos niveles.
- Las zonas pivote son soportes o resistencias pasadas.

Además de estas consideraciones, vamos a estudiar una serie de **patrones o figuras** que habitualmente podremos encontrar en la acción del precio. Son formaciones en el gráfico que nos indican un proceso de consolidación, el cual puede ser de acumulación o distribución. Los llamaremos patrones **de continuación de tendencia** cuando se trate de una acumulación; y patrones **de cambio de tendencia** cuando se trate de una distribución. De una forma u otra, tanto los patrones o figuras de continuación de tendencia como los de cambio, funcionarán como soportes y resistencias.

Patrones de continuación de tendencia:

Triángulo simétrico: en una tendencia alcista, la formación se romperá por la línea que une los máximos decrecientes. En una tendencia bajista, la formación se romperá por la línea que une los mínimos crecientes (Figura 8).

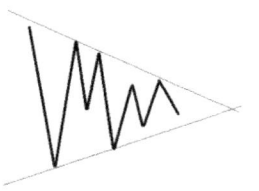

Figura 8. Ejemplo gráfico de Triángulo simétrico (de elaboración propia)

Triángulo ascendente: en una tendencia alcista, este patrón se activará cuando el precio supere la línea que une los máximos planos (a un mismo nivel de precio). (Figura 9).

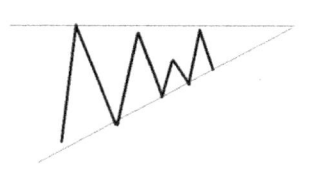

Figura 9. Ejemplo gráfico de Triángulo ascendente (de elaboración propia)

Triángulo descendente: en una tendencia bajista, este patrón se activará cuando el precio supere la línea que une los mínimos planos (a un mismo nivel de precio). (Figura 10).

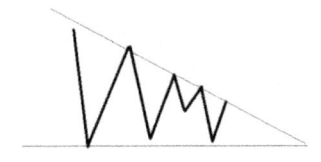

Figura 10. Ejemplo gráfico de Triángulo descendente (de elaboración propia)

Rectángulo o Canal lateral u horizontal: surge en cualquier tendencia. Se trata de una consolidación del precio con máximos y mínimos planos.

Para calcular los **objetivos** de alta probabilidad de estas formaciones, trazaremos una línea vertical que recorra la distancia más ancha de nuestro triángulo. Esa misma línea la colocaremos a partir del punto por donde se rompa la formación, obteniendo al final de la línea un posible objetivo en el que focalizar nuestra atención.

Banderín o *Pennant* alcista o bajista: es un proceso de consolidación parecido al triángulo simétrico, con la diferencia de que, en este caso, los eventos se producen mucho más rápido y con mayor volatilidad (Figura 11).

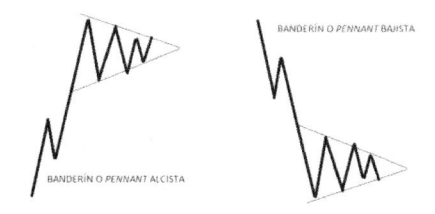

Figura 11. Ejemplo gráfico de Banderín o *Pennant* alcista y bajista (de elaboración propia)

Puede producirse tanto en tendencia alcista como bajista. Como vemos en la imagen, el banderín viene precedido por un mástil, es decir, un fuerte movimiento vertical de la tendencia. En este caso, los **objetivos** serán la distancia recorrida desde el inicio hasta el final del mástil. Colocando dicha distancia en la zona de ruptura de la figura, es decir, proyectándola, obtendremos nuestro posible objetivo.

Estos patrones al considerarse una consolidación del precio en un nivel, podemos decir del mismo modo que están realizando un descanso o corrección en tiempo. Son de continuación de tendencia y se producen **a favor de la tendencia** previa. Sin embargo, existen patrones de continuación de tendencia **contra tendencia,** los cuales indican una corrección tanto en tiempo como en precio. Vamos a verlos.

Bandera alcista/bajista o *Bullish/Bearish Flag:* en una bandera alcista, los máximos y los mínimos son descendentes en paralelo. En una bandera bajista, los máximos y los mínimos son ascendentes en paralelo (Figura 12).

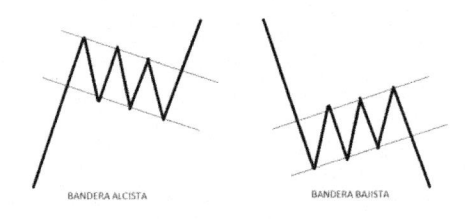

Figura 12. Ejemplo gráfico de Bandera alcista y bajista (de elaboración propia)

Cuña alcista o bajista: en una cuña alcista, los máximos y mínimos son descendentes en triángulo; siendo los máximos descendentes más pronunciados. En una cuña bajista, por el contrario, los máximos y mínimos son ascendentes en triángulo, pero los mínimos ascendentes son más pronunciados (Figura 13).

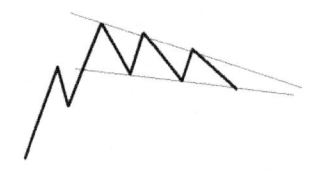

Figura 13. Ejemplo gráfico de Cuña alcista (de elaboración propia)

Para calcular los posibles **objetivos** de estas figuras realizaremos el mismo procedimiento que en el caso del Banderín o *Pennant,* es decir, marcaremos nuestro punto objetivo proyectando la distancia del mástil que precede tanto a la Bandera como a la Cuña alcistas o bajistas.

Patrones de cambio de tendencia:

Antes de ver los distintos patrones, vamos a definir un concepto importante para estudiarlos. El ***neckline*** o

línea del cuello o clavicular: no es más que un nivel del precio que actúa como un gran soporte o resistencia, dependiendo de la tendencia previa. Al romperse, activa la figura y, por tanto, podremos realizar nuestras entradas y definir objetivos de alta probabilidad para las salidas. Dicho esto, vamos con los patrones.

Doble techo: dos máximos actúan como resistencia, pues la tendencia previa es alcista. El mínimo entre los dos anteriores nos marca el *neckline*. Cuando el precio lo supera, se activa la figura (Figura 14).

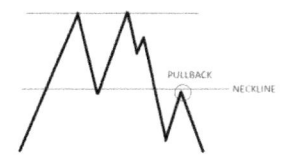

Figura 14. Ejemplo gráfico de Doble techo (de elaboración propia)

Doble suelo: dos mínimos actúan como soporte, pues la tendencia previa es bajista. El máximo entre los dos anteriores nos marca el *neckline*. Cuando el precio lo supera, se activa la figura (Figura 15).

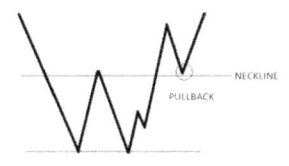

Figura 15. Ejemplo gráfico de Doble suelo (de elaboración propia)

Triple techo: es la misma idea que un Doble techo, pero compuesta por tres puntos máximos y dos puntos mínimos.

Triple suelo: es la misma idea que un Doble suelo, pero compuesta por tres puntos mínimos y dos puntos máximos.

Hombro-Cabeza-Hombro: en este caso, la figura alude a la forma anatómica de una persona, que consta de dos puntos máximos a un mismo nivel (haciendo las veces de hombros) por debajo de un solo máximo superior (haciendo las veces de cabeza) (Figura 16).

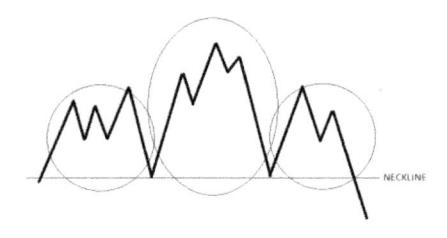

Figura 16. Ejemplo gráfico de Hombro-Cabeza-Hombro (de elaboración propia)

Aquí, la tendencia previa es alcista pasando a ser bajista.

De esta figura se extrae el concepto de *neckline* o línea de cuello o clavicular al tratar de describir la zona que su propio nombre indica.

Hombro-Cabeza-Hombro invertido: es la misma idea que el Hombro-Cabeza-Hombro, pero, en este caso, la tendencia previa es bajista pasando a ser alcista (Figura 17).

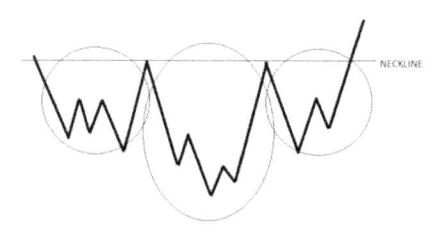

Figura 17. Ejemplo gráfico de Hombro-Cabeza-Hombro invertido (de elaboración propia)

Este es el punto de inicio del **Análisis Chartista,** cuyo significado proviene de la palabra *chart,* "gráfico" en inglés. Muchos de los operadores, considerados **discrecionales,** ejecutan sus operaciones únicamente a través del análisis de la acción del precio que se muestra en el gráfico, intentando identificar estas figuras o patrones. Quiero hacer hincapié en que la acción del precio es fractal, por ello, estos patrones podemos encontrarlos en mayor o menor medida en cualquier temporalidad sobre la que trabajemos.

Antes de continuar con la composición interna de estos patrones, hagamos un esquema de éstos:

- Tendencia:
    - Alcista.
    - Bajista.
    - Lateral o Indiferenciada.
- Soporte.
- Resistencia.
- Zona Pivote.
- Patrones de continuación de tendencia:
  A favor de tendencia:
    - Triángulo simétrico.

- Triángulo ascendente.
- Triángulo descendente.
- Rectángulo o canal lateral u horizontal.
- Banderín o *Pennant* alcista o bajista.

En contra tendencia:
- Bandera alcista o bajista (*Bullish/Bearish Flag*).
- Cuña alcista o bajista.

- Patrones de cambio de tendencia:
  - Doble techo.
  - Doble suelo.
  - Triple techo.
  - Triple suelo.
  - Hombro-Cabeza-Hombro.
  - Hombro-Cabeza-Hombro invertido.

Te propongo un par de ejercicios para poner en práctica los patrones de velas vistos hasta ahora. Se trata de encontrar un punto de entrada y de salida del mercado y en base a qué tomas tu decisión. Encontrarás la solución a cada ejercicio en la página siguiente a la de éste.

Ejercicio nº1

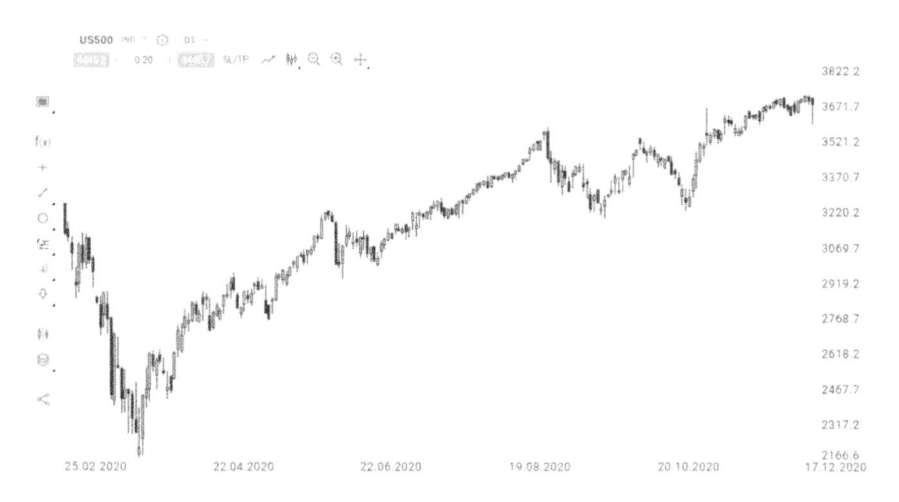

Ejercicio nº2

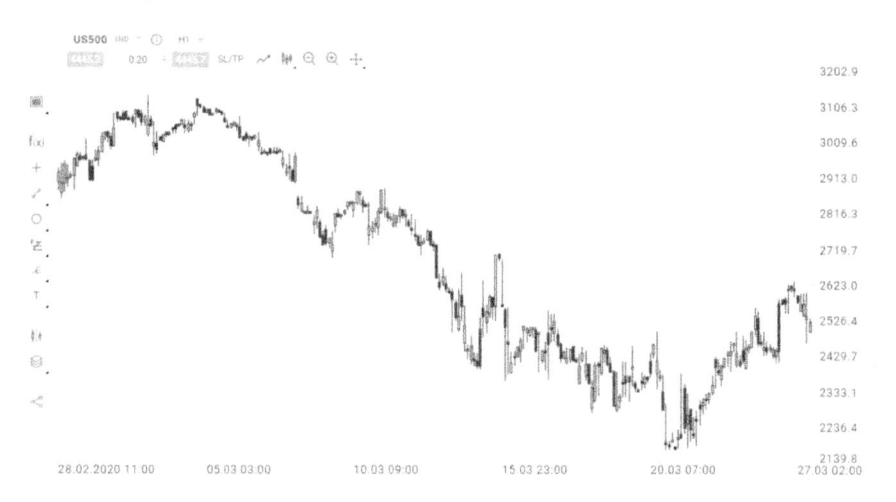

Solución al Ejercicio nº1

Estamos ante un gráfico D1 del S&P500. Fíjate en la imagen de abajo. La formación de triángulo simétrico nos da una entrada de compra al romper el patrón por arriba. Colocaríamos nuestro *stop loss* por debajo del último mínimo generado por el gráfico y proyectaríamos la altura del triángulo para establecer nuestro *take profit*.

Solución al Ejercicio nº2

Se trata del S&P500, pero esta vez en un gráfico H1. Al principio de la imagen podemos observar como se ha formado una resistencia donde el precio rebota en dos ocasiones, dejando un mínimo entre ambas que supondría el *neckline* de la formación. Estaríamos ante un doble techo, por tanto, proyectaríamos la altura del rango entre los dos máximos y la línea clavicular para definir nuestro *take profit* y nuestro *stop loss* por encima del último máximo generado antes del *neckline*.

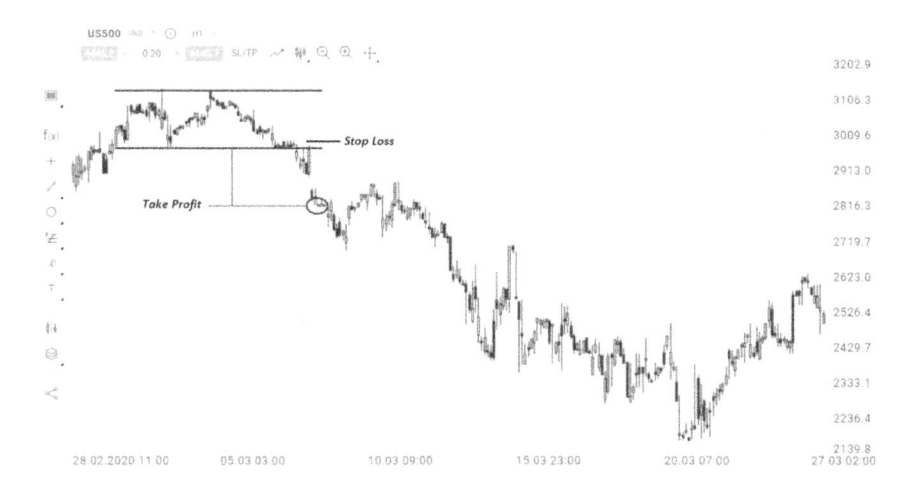

Como ves, una vez que tenemos el gráfico completo no resulta tan difícil plantear una estrategia. Cuando estemos frente a la pantalla en tiempo real plantear la hipótesis se complicará algo más. Pero es así de simple: trabajamos mediante hipótesis, planteando posibles escenarios, y aplicamos nuestra estrategia en base a éstos. Si funcionan o no dependerá de la probabilidad de éxito de nuestra estrategia, del nivel de compromiso que guardemos con la buena ejecución de nuestro plan de *trading,* y cómo seamos capaces de gestionar nuestras emociones.

Si tus respuestas no han coincidido con las que te he dado yo, no te preocupes. No significa que estén mal. Nada está bien o mal. Quizás tú eres capaz de ver una entrada mejor y distinta a la que he visto yo. Todo vale si la operación está fundamentada en un razonamiento lógico.

VELAS JAPONESAS

Cualquier movimiento del precio, representado en el gráfico como tendencias, figuras o patrones, son un conjunto de velas japonesas. Es lógico pensar que, puesto que los japones fueron los primeros en hacer este tipo de representaciones del precio, a estas figuras se las conozca como **velas japonesas** o *candlesticks,* en inglés. Vamos a estudiar cómo se forman y qué elementos debemos tener en cuenta.

Como sabrás, una vela, al igual que las tendencias, pueden ser alcistas, bajistas o de indecisión; dependiendo del momento en que sucedan las variaciones del precio. Veamos sus partes.

Vela alcista

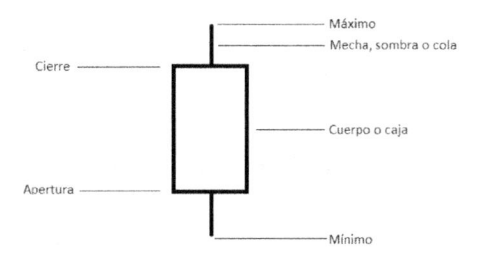

Figura 18. Ejemplo gráfico de vela alcista (de elaboración propia)

Normalmente se representan en blanco o de color verde. En esta vela se produce una apertura; un mínimo (que puede coincidir con el precio de apertura no mostrando mecha inferior, en caso contrario, esta mecha se mostrará por debajo del precio de apertura); un máximo (que puede coincidir con el precio de cierre no mostrando mecha superior, en caso contrario, esta mecha se mostrará por encima del precio de cierre); y un cierre por encima del precio de apertura. Es decir, el precio ha aumentado; por ello, se la conoce como vela alcista.

Vela bajista

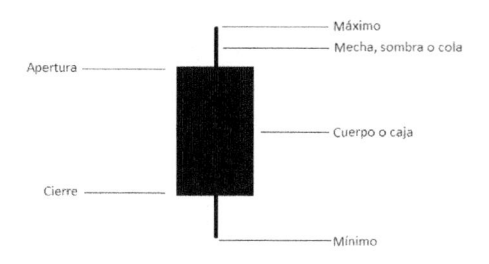

Figura 19. Ejemplo gráfico de vela bajista (de elaboración propia)

Normalmente se representan en negro o de color rojo. En esta vela se produce una apertura; un máximo (que puede coincidir con el precio de apertura no mostrando mecha superior, en caso contrario, esta mecha se mostrará por encima del precio de apertura); un mínimo (que puede coincidir con el precio de cierre no mostrando mecha inferior, en caso contrario, esta mecha se mostrará por debajo del precio de cierre); y un cierre por debajo del precio de apertura. Es decir, el precio ha disminuido; por ello, se la conoce como vela bajista.

Este es el concepto de las velas japonesas tradicionales. Vamos a matizarlo un poco.

El cuerpo o caja de la vela representa el rango de precio que ha tenido el activo desde la apertura hasta el cierre. Por otro lado, las mechas o sombras de las velas son representaciones de los niveles de precio a los que ha llegado a cotizar el activo, con un máximo y un mínimo durante el periodo. Como ya hemos visto, la representación gráfica de cualquier activo se puede modificar en distintas temporalidades según nuestras preferencias (1 minuto, 5, 15, 30, 1 hora, 4 horas, 1 día, 1 semana o 1 mes). Pues bien, cada *time frame* o franja de tiempo, según la temporalidad del gráfico, vendrá representada por una vela. Simplificando, si operamos en gráficos de 1 minuto, cada minuto que pase estará representado por un vela; si operamos gráficos de 15 minutos, cada 15 minutos que pasen estarán representados por una vela.

Cuando se representan en el gráfico, y dependiendo del lugar que ocupen en éste, podemos encontrar *candlesticks* concretos formando una determinada figura o patrón que nos estará indicando una alta probabilidad de que suceda un evento específico, al igual que las tendencias vistas anteriormente; solo que, en este caso, a menor escala. Ahora describiremos cuatro tipos de velas que, probablemente, nos anticipen un cambio en la dirección del precio.

Un **martillo,** *hammer* (en inglés), **estrella del amanecer** (cuando aparece entre dos *gaps,* que explicaremos más adelante) o, también conocido como, **libélula** (Figura 20).

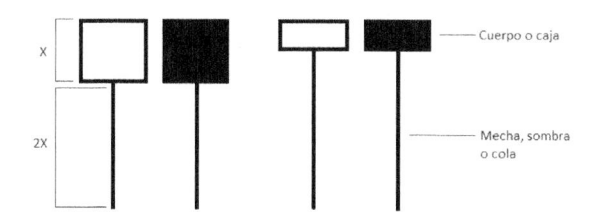

Figura 20. Ejemplo gráfico de vela martillo (de elaboración propia)

Esta señal podemos encontrarla al final de una tendencia bajista, anticipando un cambio al alza, formando el vértice en la representación de la trayectoria del precio.

Un *long upper shadow,* **martillo invertido** o **estrella del atardecer** (cuando aparece entre dos *gaps)* (Figura 21).

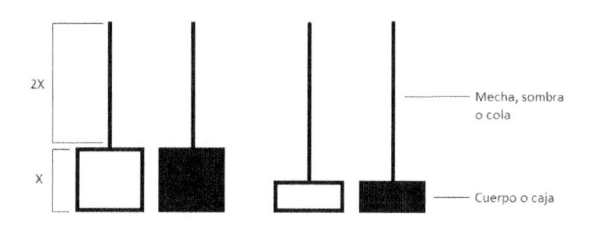

Figura 21. Ejemplo gráfico de vela *long upper shadow* (de elaboración propia)

Esta señal podemos encontrarla al final de una tendencia alcista, anticipando un cambio a la baja, formando el vértice en la representación de la trayectoria del precio.

Como puedes observar en las Figuras 10 y 11, para tener en cuenta estas velas como posibles velas de cambio de dirección, las mechas o sombras tienen que ser, como mínimo, dos veces el tamaño del cuerpo o caja de la vela.

Las envolventes alcistas y bajistas son velas que envuelven, como su propio nombre indica, completamente la vela anterior. Es decir, la **envolvente alcista** presenta un precio de apertura más bajo y un precio de cierre más alto con respecto a la vela previa. La **envolvente bajista** presenta un precio de apertura más alto y un precio de cierre más bajo con respecto a la vela previa (Figura 22).

ENVOLVENTE ALCISTA   ENVOLVELTE BAJISTA

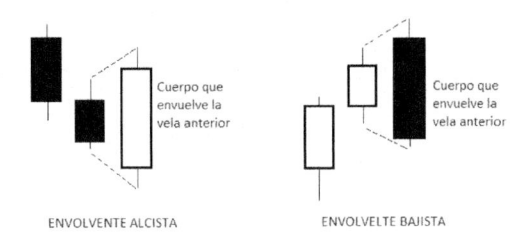

Figura 22. Ejemplo gráfico de envolvente alcista y bajista (de elaboración propia)

La envolvente debe cubrir la totalidad del cuerpo de la vela anterior para que podamos tomarla como señal efectiva de un cambio de tendencia. Si, además, cubre la totalidad de la vela anterior, es decir, el cuerpo y las mechas o sombras de ésta, mayor efectividad. Si, además, la envolvente cubre no solo la vela previa en su totalidad, sino que también una o dos velas más anteriores, mayor efectividad si cabe. Cuantas más, mejor. Pero debes tener en cuenta que cuando esto suceda, el precio habrá efectuado un mayor recorrido, con lo que tu posición de entrada estará más lejos de la entrada idónea en este tipo de escenarios. Encuentra el término medio. No arriesgues más de lo que hayas establecido por muy buena señal que sea.

Siguiendo con nuestras velas, existen otras muy habituales que, si bien no anticipan un probable cambio de tendencia, son señales de alerta; algo está pasando. Y, por ello, debemos saber identificarlas. Hablo del **Doji** y el **trompo.** Son velas de indecisión, donde hay fuertes presiones tanto compradoras como vendedoras o una completa ausencia de ambas. Esto provoca que el precio apenas se mueva de un nivel concreto (Figura 23).

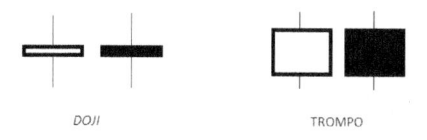

DOJI   TROMPO

Figura 23. Ejemplo gráfico de vela *Doji* y trompo (de elaboración propia)

Como ves, son muy parecidas a los martillos y *long upper shadows* en lo que a tamaño se refiere. La diferencia estriba en que los *dojis* y los trompos no tienen un recorrido del precio previo, como sí ocurre en el martillo y el *long upper shadow*.

GAPS O HUECOS EN LOS PRECIOS

Los *gaps* o **huecos en los precios** son saltos en la representación del precio en el gráfico. Esto sucede porque el activo no llega a cotizar a ciertos niveles de precio, es decir, no llegan a producirse transacciones en esos niveles de precio. El principal motivo para que se dé este evento es la publicación de **noticias inesperadas** que hacen a los inversores expresar su codicia, por ejemplo, cuando la noticia es percibida como buena y todo el mundo se apresura a comprar en masa antes de que suba el precio; o su miedo, cuando la noticia es percibida como mala y todo el mundo huye despavorido del mercado con la esperanza de no ser el último y perder sus ganancias. También es habitual que encontremos *gaps* entre el cierre de una sesión y la apertura de la siguiente, es decir, **gap overnight.** Y, por lo general, tanto en el primer caso como en el segundo, estos *gaps* tienden a retroceder para llenar ese hueco en los niveles de precio que no había cotizado el activo, para más tarde continuar en la dirección tomada por el *gap*. Pero, como siempre, esto es lo más probable que suceda y, en base a ello, podemos tomar una estrategia u otra para realizar nuestras entradas y posicionarnos; no significa que tenga que ocurrir necesariamente.

Podemos decir, entonces, que un *gap* al alza en la cotización del activo será una señal de fortaleza; mientras que un *gap* a la baja constituirá una señal de debilidad (Figura 24).

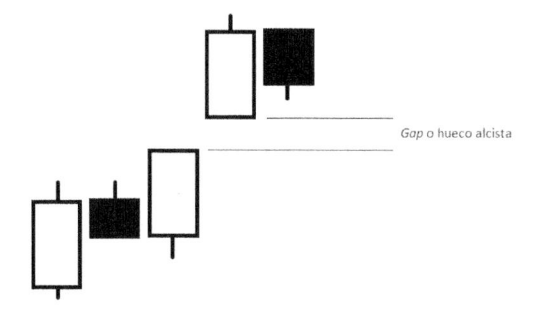

Figura 24. Ejemplo gráfico de *gap* alcista (de elaboración propia)

En cualquier caso, existen otras muchas razones por las que se producen los huecos en el precio. Veamos cuáles son.

Los **gaps** o **huecos comunes** se producen por el **pago de dividendos** de las compañías a sus accionistas. Por ejemplo, imagina que Apple tiene previsto pagar a sus accionistas con un dividendo equivalente al 2 % de los beneficios alcanzados en el primer semestre del año; lo normal, es que la cotización de Apple ese día, baje algo similar a un 2 % y suele ser con un *gap*.

Para entender el siguiente motivo, vamos a explicar el significado del término *rollover*. El **rollover** es el paso de un contrato a otro. Piensa que hay ciertos instrumentos financieros (como los CFD's, los cuales ya hemos explicado) que se utilizan para graficar el precio de cualquier activo subyacente. Estos instrumentos se basan en un contrato, el cual tiene una duración determinada. Pueden ser de 1 mes, 3 meses. Etcétera. Cuando el gráfico actualiza esta información pasando de un contrato a otro, la representación y, por ello, el precio del activo suele mostrar pequeñas variaciones. Es lo que conocemos como **gaps** o **huecos por *rollover.***

Otros *gaps* se producen **por la iliquidez del activo.** Un activo que sea ilíquido significa, básicamente, la dificultad o lentitud para transformarse en dinero. Cuando un activo es ilíquido las transacciones que se realizan en éste son mínimas y esto se traduce en el gráfico con un movimiento muy lento en la variación del precio.

Cuando el precio abandona un rango lateral o indiferenciado, puede verse acompañado de un alto volumen de transacciones, es decir, una gran actividad por parte de los inversores. A éstos los conocemos como **gaps por ruptura.** Imagina la situación. El precio de un activo se encuentra en un rango, sin saber qué dirección tomar. En ese momento, los *traders* más pacientes estarán a la espera de ver qué sucede sin abrir posiciones. En el momento en que se produzca la ruptura del rango, todos entrarán raudos abriendo sus estrategias. La presión o intención de compradores o vendedores, según el caso, será tal que el precio no será capaz de cotizar en los niveles de precio intermedios. Sería como si un coche pasara de 0 a 100 kilómetros por hora sin pasar por los 20, los 50 o los 70 kilómetros por hora. Este tipo de huecos no suelen rellenarse en el corto plazo.

Los **gaps** o **huecos de continuación** son el efecto de compradores o vendedores que persiguen el precio, aportando mucha fuerza al movimiento. Al igual que los anteriores, tampoco suelen rellenarse en el corto plazo.

Por último, y en contraposición al anterior, se pueden dar **gaps** o **huecos por agotamiento.** En este caso, se trata de una capitulación de quienes mantenían el control del precio del activo. Se retiran del mercado, recogiendo sus ganancias. Por tanto, pueden verse al final de grandes tendencias tanto alcistas como bajistas; con los patrones de velas japonesas vistas en el capítulo anterior: patrón de estrella del atardecer, al final de grandes tendencias alcistas; y patrón de estrella del amanecer, al final de grandes tendencias bajistas (Figura 25).

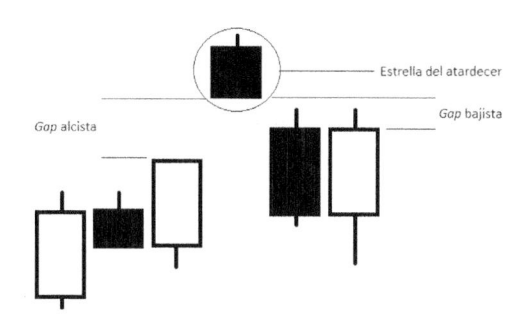

Figura 25. Ejemplo gráfico de estrella del atardecer entre una *gap* alcista y un *gap* bajista (de elaboración propia)

Antes de terminar este apartado quiero hacerte saber que existen otras formas de representar la cotización del precio como son los **gráficos de barras OHLC,** en los que se grafican la Apertura, Alto, Bajo y Cierre (por sus siglas en inglés *Open, High, Low* y *Close*) del precio por sesión sin cuerpos o cajas como ocurre en las velas japonesas tradicionales; **gráficos de barras HLC,** en los que se grafican solo el Alto, Bajo y Cierre *(High, Low* y *Close);* **gráficos de línea;** o los **gráficos de punto y figura,** aunque no nos detendremos en explicar cada uno de ellos dado que se encuentran en desuso (gráficos de punto y figura), ofrecen la misma información que las velas japonesas tradicionales (gráficos OHLC) o menos información que éstas (gráficos HLC y de línea). Te dejo un ejemplo de ellos abajo para que los visualices y conozcas cómo se grafican. Si estás interesado en saber más acerca de éstos una búsqueda rápida en Google bastará para encontrar más información (Figura 26, 27, 28 y 29).

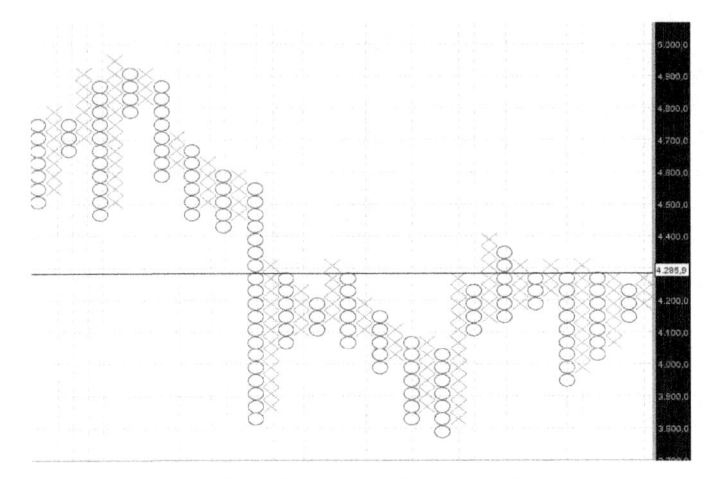

Figura 26. Muestra de gráfico de punto y figura (en desuso)

Figura 27. Gráfico OHLC del S&P500 en gráfico de 1 día el día 5 de septiembre de 2021 (extraído de la xStation5 de XTB)

Figura 28. Gráfico HLC del S&P500 en gráfico de 1 día el día 5 de septiembre de 2021 (extraído de la xStation5 de XTB)

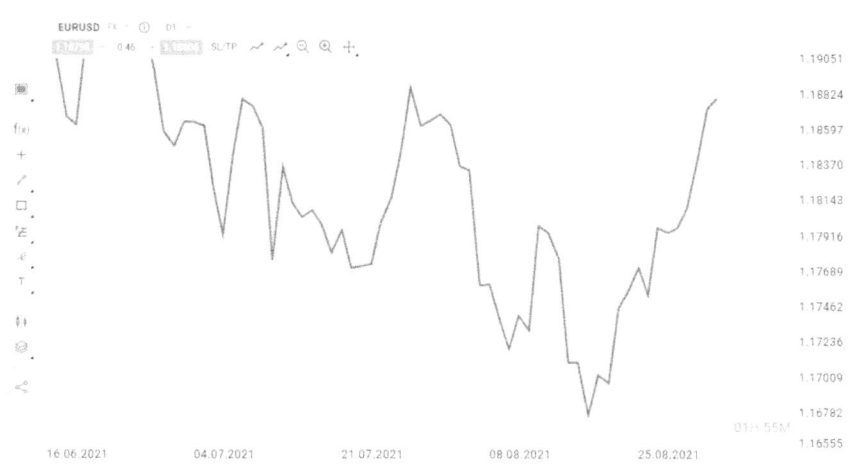

Figura 29. Gráfico de línea del S&P500 en gráfico de 1 día el día 5 de septiembre de 2021 (extraído de la xStation5 de XTB)

Simplifiquemos lo que hemos visto hasta el momento:

Velas japonesas:

- Alcista: apertura, mínimo, máximo y cierre.
- Bajista: apertura, máximo, mínimo y cierre.
- Patrones de velas que anticipan cambio de tendencia:
    - Martillo, *hammer* o estrella del atardecer.
    - *Long upper shadow,* martillo invertido, estrella del amanecer o libélula.
    - Envolvente alcista.
    - Envolvente bajista.
- Patrones de velas que indican indecisión o ausencia:
    - *Doji.*
    - Trompo.

- *Gaps* o huecos en los precios:
    - Por noticias inesperadas.
    - *Overnight.*
    - Por *rollover.*
    - Por iliquidez del activo.
    - Por ruptura de un rango lateral o indiferenciado.
    - Por continuación.
    - Por agotamiento.

- Tipos de gráficos:
  - Velas japonesas (tradicionales).
  - OHLC (Apertura, Alto, Bajo y Cierre).
  - HLC (Alto, Bajo y Cierre).
  - De línea.
  - De Punto y Figura (en desuso).

ELLIOT Y "FIBO"

La **Teoría de Elliot** postula que el movimiento del precio se manifiesta a través de **ondas** o **impulsos** y **retrocesos** o **correcciones**. Esta teoría, popularizada por Robert Prechter, nos dice que el mercado se mueve de forma repetitiva expresando el mismo patrón de ondas y se comporta del mismo modo en cualquier temporalidad, es decir, es fractal.

En concreto, el patrón consta de 5 ondas impulsivas y 3 ondas correctivas. Fíjate en la Figura 30.

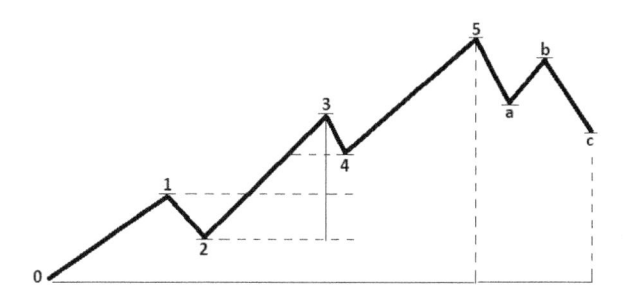

Figura 30. Ejemplo gráfico de la estructura de Elliot en ondas impulsivas y retrocesos (de elaboración propia)

Las ondas impulsivas siempre toman la dirección de la tendencia superior. Si miramos la imagen podríamos identificarlas con las ondas 1, 3, 5, *a* y *c*. Las ondas correctivas, por su parte, toman la dirección contraria a la tendencia superior identificadas en la imagen con las ondas 2, 4 y *b*. Para evitar posibles confusiones, anoto la siguiente aclaración: en este patrón encontramos dos tendencias superiores. Comenzando por la onda 1 y hasta la 5 observamos una tendencia superior alcista; mientras que, comenzando por la onda *a* y hasta la *c* observamos una tendencia superior bajista. De este modo, confirmamos la máxima de que las ondas impulsivas siempre toman la dirección de la tendencia superior y las ondas correctivas la contraria a ésta.

Por otra parte, deben darse ciertos requisitos para que la identificación de las Ondas de Elliot sean lo más efectivas posible. La **onda 3** no podrá ser la onda más corta de las impulsivas (1, 3 y 5). La **onda 2** no puede alcanzar una corrección más allá del comienzo de la onda 1 (marcado como 0 en la Figura 26). De igual manera, la **onda 4** no puede retroceder por debajo de la onda 1.

Como decíamos al principio, esta estructura es fractal, esto es, se descompone de igual forma en cualquier temporalidad sobre la que trabajemos. Es por esto que las ondas 1 y 2 se descomponen en otras 8 ondas menores de iguales características. Son una réplica en cuanto a estructura, pero a menor escala. Por tanto, la estructura de temporalidad superior (Figura 30) estaría compuesta por un total de 34 ondas de temporalidad menor. Si cada una de ellas se componen de 8 aún más pequeñas, harían un total de 144 ondas.

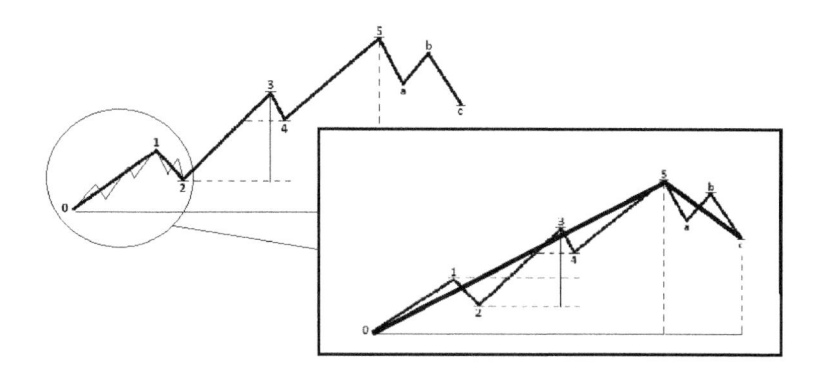

Figura 31. Ejemplo gráfico de la estructura fractal de Elliot (de elaboración propia)

Y así podríamos continuar hasta el microcosmos: 1, 2, 3, 5, 8, 34, 144… Son todos pertenecientes a la serie de Fibonacci.

La idea es identificar esta estructura en algún punto y tomar posiciones a la espera de que suceda aquello que podamos prever basándonos en esta teoría. Por ejemplo, una forma conservadora de operar la estructura de Elliot sería esperar al precio hasta la onda 5. Cuando determinemos que pueda darse el giro en la dirección entraríamos en corto, colocando nuestro *stop loss* lo más ajustado posible (recuerda que siempre hay que dejar un mínimo margen de seguridad para darle tiempo a que se exprese el precio) y recoger las ganancias cuando lleguemos a cumplir nuestro ratio riesgo/beneficio de 1:2 o en el giro de la onda *a* si es que somos capaces de calcularlo. Esto claro, sería lo idóneo. No resulta tan sencillo llevarlo a la práctica, pero si le dedicas tiempo acabarás dominándolo, como todo en la vida.

Ahora bien, supongamos que somos más agresivos y pretendemos obtener beneficios al final de la onda *c*. ¿Cómo podríamos calcularla? Continuemos.

Se cree que fue el matemático Leonardo Pisano Bogollo el primero en presentar una serie matemática que se construía como sigue: partiendo solo del 0 y 1, se sumaban los dos últimos números de la serie, se colocaba a continuación y se repetía la fórmula hasta el infinito. Ésta sería la que hoy conocemos como **serie de Fibonacci** (0, 1, 1, 2, 3, 5, 8, 13, 21, 34, 55, 89, 144, etc.).

De esta serie extraemos algunas conclusiones. Si dividimos cualquier número por el siguiente, en todos los casos obtenemos un resultado que tiende a 0,618, esto es, la **proporción áurea** (Figura 32).

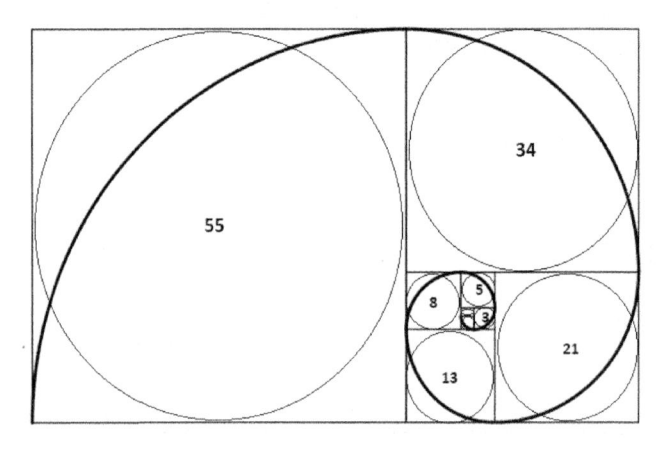

Figura 32. Rectángulo y espiral de Fibonacci en base a la proporción áurea (de elaboración propia)

Es el denominado **Ratio de Oro** o **número áureo,** el cual podemos encontrar de forma natural en nuestro entorno: entre la naturaleza (fauna, flora, cuerpo humano), en las artes (arquitectura, escritura, pintura), en la astronomía o en la tecnología.

Pues el caso es que, en algún momento, a alguien se le ocurrió que, si esta proporción se encontraba de forma natural en la vida, respondiendo quizás a algún patrón fuera de su entendimiento, podría de igual modo influir en el comportamiento de la acción del precio representada en los gráficos. No sé hasta qué punto esta proporción puede realmente llegar a influir en los mercados, al menos al principio. Pero se popularizó tanto la herramienta que hoy día es, sin duda, una regla consensuada entre todos los participantes de los mercados, haciendo válida esta idea y, por tanto, su uso habitual.

Vamos a ver entonces, cómo usar esta regla que, sobre todo, se usa para medir y prever el final de un retroceso en mitad de un movimiento tendencial.

Cuando accedas a tu plataforma de *trading*, por lo general encontrarás una barra de herramientas en alguno de los márgenes de la misma. Entre las herramientas habrá que buscar el **Retroceso de Fibonacci.** Cuando comiences a percatarte de que el movimiento del precio está entrando en retroceso, traza una línea desde el inicio del movimiento principal, el impulso, hasta el final del mismo, es decir, hasta el último máximo (en caso de una tendencia alcista) o mínimo (en caso de una tendencia bajista) que se haya generado. Junto a esta línea diagonal se mostrarán distintos niveles estándar de Fibonacci que van desde el 0,0 – 23,6 – 38,2 – 50,0 – 61,8 – 78,6 – 100,0. Todos ellos nos indican el porcentaje de retroceso que ha sufrido el precio con respecto al movimiento principal anterior. Como dato diremos que si bien el 50 % no es un nivel que pertenezca a Fibonacci, se incluye en la herramienta como nivel psicológico de los operadores y, por tanto, su uso es ya extendido.

La idea es abrir una posición en la dirección del movimiento tendencial previo justo cuando el retroceso se detenga y retome la dirección anterior. Los niveles óptimos con los que se considera que el precio ya ha realizado un retroceso "sano" son entre el 38,2 y el 50,0; es decir, cuando el precio se sitúe entre estos dos niveles consideraremos que el retroceso ha terminado y el *price action* se prepara para retomar la tendencia. Lo habitual es colocar nuestro *stop loss* por debajo del nivel de 61,8 (ya sabes, para darle espacio a la operación).

Figura 33. Retroceso de Fibonacci en el NASDAQ100 en gráfico de 15 minutos el día 1 de septiembre de 2021 (extraído de la xStation5 de XTB)

Si el precio atraviesa el 61,8 % de Fibonacci, consideraremos que no es un mero retroceso y que algo está cambiando. Quizá esté comenzando un cambio de tendencia. El *take profit*, siendo conservadores, lo colocaremos con la idea de alcanzar los últimos máximos o mínimos que se produjesen en el anterior movimiento. Vemos un ejemplo en la Figura 33.

El gráfico anterior muestra el NASDAQ100 que comenzó la sesión del día anterior al alza sufriendo pequeñas correcciones. En la apertura del día 1 de septiembre de 2021 experimentó una fuerte subida durante los primeros 15 minutos (recuerda que al ser un gráfico 15 minutos cada vela representa este periodo de tiempo). Más tarde se mantuvo en un rango de indecisión, sin grandes movimientos y a partir de las 18:00 h comenzó a corregir la tendencia.

Es en este momento cuando nosotros deberíamos de comenzar a analizar el precio con Fibonacci. Situaríamos el inicio entorno a los 15.520 puntos básicos (el mínimo de la tendencia principal) y el final en los 15.690 puntos básicos. Permanece pendiente del precio, de los niveles de 38,2 y 50,0 y fíjate como se encuentra en ese momento: justo en el nivel de 50,0 habiendo testeado ya hasta en dos ocasiones este nivel. Además, buscaremos más argumentos que respalden nuestra hipótesis. En este caso, observa como el nivel de 50,0 se encuentra justo formando parte de una gran zona pivote. Y, por último, el *gap* alcista que realiza el precio desde la zona pivote nos indica fuerza compradora. Con estos datos puede pasar cualquier cosa, pero lo más probable, o al menos esa será nuestra jugada, es que el precio retome la tendencia alcista anterior, con lo que abriríamos posición de compra en largo esperando alcanzar de nuevo los máximos anteriores.

Si no contento con este objetivo prefieres intentar uno mayor, puedes hacer uso de la **Expansión de Fibonacci** (la encontrarás en la misma zona que la de retroceso), previendo alcanzar niveles superiores proyectados por esta misma proporción áurea que estamos estudiando. Fíjate en la Figura 34 para ver un ejemplo de ello.

Figura 34. Expansión de Fibonacci en el NASDAQ100 en gráfico de 15 minutos el día 1 de septiembre de 2021 (extraído de la xStation5 de XTB)

Como ves se trata de la misma herramienta que la anterior solo que, en este caso, deberemos trazar dos líneas y los niveles de retroceso anteriores ahora se encuentran invertidos. Una idea bastante razonable sería dividir objetivos: el primero en la zona de últimos máximos y el segundo más arriba, retirando una parte de las ganancias para minimizar el riesgo.

ÓRDENES Y GESTIÓN DEL RIESGO

Antes de continuar con nuestro aprendizaje, vamos a detenernos en un punto de máxima relevancia para llevar a cabo con éxito nuestra operativa. Vamos a tratar de entender cómo funciona nuestra plataforma de *trading*, qué opciones tenemos para colocar nuestras órdenes y cuál es la gestión del riesgo idónea si no queremos quebrar nuestra modesta cuenta de principiante.

Cuando nos presentemos delante de nuestro portátil y accedamos a nuestra plataforma de *trading* dispuestos a operar encontraremos en ésta diversas formas de entrar en el mercado.

Lo primero que debes saber es que las órdenes quedan registradas en el **Libro de Órdenes** que, como su propio nombre indica, es donde quedan anotadas según se traten de compras o ventas en dos columnas diferentes. En la columna de **demanda** o ***bid,*** las compras; en la columna de **oferta** o ***ask,*** las ventas. En este Libro de Órdenes los operadores estudian el ***Order Flow*** (Flujo de órdenes) mediante el cual podemos observar cómo casan las órdenes de compra (demanda) con las de venta (oferta), y viceversa, ejecutadas por los distintos operadores, marcando los niveles de precio en los que se **cruzan** todas ellas.

A priori podrías pensar que cuando se entra a mercado lo hacemos comprando en largo o vendiendo en corto y ya está. Sin embargo, hay hasta 6 tipos de órdenes que podemos llevar a cabo, las cuales clasificaremos en dos grandes grupos.

En primer lugar, mencionaremos las **órdenes a mercado.** Son las más sencillas de entender puesto que se ejecutan en el instante en que pulsemos el botón de **compra** o de **venta,** obteniendo el precio que haya disponible en ese momento en el Libro de Órdenes. Esto puede suponer que nos veamos obligados a sufrir *slippage* en el precio debido al alto volumen de actividad en el mercado. La precisión no es tanta, pero la toma de decisión de abrir este tipo de orden es "improvisada" por las circunstancias que pueda haber en el precio.

En segundo lugar, tenemos las **órdenes pendientes** dentro de las cuales diferenciamos entre **órdenes *stop*** y **órdenes *limit,*** ambas con su correspondiente versión de compra y de venta. Estas órdenes, a diferencia de las anteriores, no se ejecutan en el mismo momento. Se preparan. La decisión de tomarlas es más controlada y sopesada. Se puede sufrir *slippage* pero en menor medida que en el caso de las órdenes a mercado, dado que cuando tomas la orden, ésta es anotada en el Libro de Órdenes poniéndose "a la cola" de todas aquellas órdenes que se quieran tomar al mismo nivel de precio que tú decides tomar. Simplifiquemos.

Las ***Buy Stops*** se dejan pendientes por encima del precio. Con estas órdenes prevemos que el precio alcanzará nuestra orden pendiente y, por tanto, se abrirá nuestra posición continuando el precio su dirección al alza. Las ***Sell Stops*** se dejan pendientes por debajo del precio. Con estas órdenes pendientes prevemos que el precio alcanzará nuestra orden pendiente y, por tanto, se abrirá nuestra posición continuando el precio su dirección a la baja. Con ambas órdenes estamos previendo una **continuación del precio.**

Las ***Buy Limits*** se dejan pendientes por debajo del precio. Con estas órdenes prevemos que el precio alcanzará nuestra orden pendiente y, por tanto, abrirá nuestra posición para, a continuación, cambiar de dirección al alza. Las ***Sell Limits*** se dejan pendientes por encima del precio. Con estas órdenes prevemos que el precio alcanzará nuestra orden pendiente y, por tanto, abrirá nuestra posición para, a continuación, cambiar de dirección a la baja. Es decir, al contrario que con las anteriores, aquí estamos planteando un escenario de **reversión del precio.** Lo que pretendemos con estas órdenes es cazar la posición antes de que se produzca la reversión para aprovechar al máximo la distancia que recorrerá.

Ya sabemos qué son, qué tipos hay y cómo usaremos cada una de ellas. Veamos ahora la piedra angular del *trading:* la **gestión del riesgo.**

Cuando colocamos una orden, esté abierta la posición o no, deberemos definir dos niveles más: el ***Stop Loss (SL)*** y el ***Take Profit (TP).*** El *SL* es la "parada de pérdida", el *TP* es la "toma de ganancia". Para establecer unos niveles adecuados de cada uno de ellos debemos establecer nuestro **Ratio Riesgo/Beneficio (R/B).** Por lo general, lo más recomendable es que el beneficio que queramos alcanzar con cada operación sea, al menos, el doble de la cantidad que estemos dispuestos a perder. Por tanto, si arriesgamos 1, nuestro objetivo de beneficios ha de ser 2. Es decir, nuestro ratio riesgo/beneficio es de 1:2. También se puede mencionar este ratio refiriéndonos al mismo como **Ratio de xR,** siendo **"R"** el riesgo multiplicado por la cantidad **"x"**, en nuestro caso: por 2. Mencionaríamos solo el beneficio, en este caso, diríamos que nuestra estrategia tiene un "Ratio de 2R".

El fundamento de tomar un ratio riesgo/beneficio de 1:2 como mínimo es el siguiente. Si nuestra operativa tuviese un bajo porcentaje de acierto, como un 40 % de aciertos y un 60 % de errores; incluso así, al cabo del día saldríamos en positivo. Imagina que de 10 operaciones tengo éxito solo en 4 de ellas y en 6 he fracasado. Si multiplicamos la cantidad ganada por el número de operaciones acertadas tendríamos un total de 8 unidades de beneficio, mientras que si multiplicamos la cantidad perdida por el número de operaciones falladas tendríamos un total de 6 unidades de pérdida. El balance final quedaría como sigue: 8 – 6 = 2. Al final de la sesión seguiríamos en positivo porque por cada vez que ganábamos obteníamos el doble de beneficio que cuando perdíamos.

Fíjate como he querido evitar decir "dinero, euros o dólares" al referirme a las cantidades, beneficios o pérdidas. Soy consciente. La idea es distanciarse lo máximo posible del concepto de ganar o perder dinero. Con ello, conseguiremos ceñirnos a cumplir nuestro plan de *trading* lo mejor posible, gestionando mejor las posibles emociones de miedo o codicia que podamos experimentar al ver como nuestro dinero sube o baja. Evitaremos tomar decisiones equivocadas a causa de la emoción. Dependiendo del instrumento o la plataforma de *trading,* los puntos básicos por los que se miden la acción del precio pueden ser **pips, ticks.** Etcétera. Centrémonos a partir de ahora en ganar *pips,* no dinero.

Como hemos visto, una buena gestión de nuestro *stop loss* y *take profit* supondrán una mejora importante en la ejecución de nuestras operaciones, tanto por la rapidez y automatismo en la toma de decisiones como por la confiabilidad de nuestras estrategias, sabiendo que no hay riesgo más allá del previsto y controlado.

A pesar de ello, no todo tiene porqué ser tan rígido. Una variante en la gestión del *SL* es el **Stop Loss dinámico** o ***Trailing Stop,*** el cual consiste en ir acercando cada cierto tiempo nuestro *SL* persiguiendo la acción del precio. Este *stop* dinámico o *trailing stop* se puede realizar de forma automática en algunas plataformas de *trading* que te ofrecen esta opción. Por ejemplo, podríamos ordenar que nuestro *SL* fuese moviéndose siempre 10 *pips* por debajo del precio. En caso de no ser una opción por que la plataforma no proporcione esta alternativa, podemos hacer uso del *SL* dinámico gestionándolo de forma manual. Por ejemplo, podríamos establecer la regla de acercar nuestro *SL* por debajo del último mínimo generado por el precio siempre y cuando el precio haya superado el último máximo (en caso de una tendencia alcista) o por encima del último máximo generado siempre y cuando el precio haya superado el último mínimo (en caso de una tendencia bajista). Fíjate en la Figura 35 para visualizar mejor esta idea.

Figura 35. *Trailing Stop* en S&P500 en gráfico de 5 minutos (extraído de la xStation5 de XTB)

Recuerda mover tu *stop loss* dinámico por debajo del último mínimo una vez que el precio supera los últimos máximos generados (marcados con línea discontinua en la Figura 35).

En último lugar haré mención a otros dos conceptos típicos en este juego al que llamamos *trading: breakeven* y *stop profit*. El **breakeven** es el nivel de precio en el que abrimos nuestra operación sin tener en cuenta el *spread*. Cuando cerramos una operación en *breakeven* nos referimos a que cerramos la operación sin ganancias ni pérdidas: a cero. En el segundo caso, cuando nuestro *trailing stop* o *stop loss* dinámico supere el nivel de *breakeven* obtendremos un **stop profit,** es decir, estaremos asegurando un beneficio independientemente de como evolucione la operación. Concretamente, en la Figura 35 anterior puedes ver un ejemplo de *stop profit* puesto que salimos de la operación cuando salta nuestro *stop* en ganancias.

DIARIO DE *TRADING*

Una de las herramientas más potentes que podrás encontrar en estas páginas. Ésta será la forma más efectiva, en mi opinión, de realizar una operativa orientada al éxito, pues visualizar y ser consciente de tu progreso es el catalizador perfecto para mantener una alta autoestima y confianza en lo que estás haciendo.

Es muy común perder la motivación a medida que pasan los días sin obtener resultados, esos resultados que crees que no llegan. Al principio la cuesta se hace insoportable solo porque no somos capaces de ver más allá de si nuestra cuenta aumenta de valor o no. Con cada sesión ves como los números rojos son cada vez más habituales y focalizas tu atención en el lugar equivocado. Sin embargo, un diario de *trading* nos ayuda a mantenernos enfocados en lo que en realidad importa: llevar a cabo un estricto seguimiento de nuestro plan de *trading*.

Para mí resultó ser de gran ayuda establecer cuáles iban a ser las reglas de mi plan de *trading*, dejarlas por escrito y adjudicarle una puntuación concreta a cada una de ellas. Cuando terminaba la sesión de *trading* valoraba mis operaciones en base a estas reglas y obtenía una puntuación final. Esto me ayudó en mis siguientes sesiones por dos motivos: el primero fue que comencé a concienciarme de que al terminar la sesión no quería ver una puntuación baja en esa página de mi diario; con ello, lograba ajustarme lo máximo posible a mi plan y no cometía errores absurdos por impulsos o emociones mal gestionadas. El segundo motivo, a causa del primero, fue que, al obtener una buena puntuación independientemente de mis ganancias o pérdidas, estaba realizando un buen *trading*, una buena gestión del riesgo, estaba consiguiendo realizar una buena operativa basada en reglas prestablecidas y esto, a la larga, se traduce en ganancias. Además, salvo que quieras hacer *scalping*, escribir en el diario justo después de abrir una posición en el mercado te dará tiempo para asimilar la operación, visualizar el resultado y disciplinarte a no mover los *stop loss* y *take profits* que decidas fijar. Una vez escritos ya no podrán cambiarse. De modo que, como inicio, es una buena forma de auto disciplinarse y comprometerse con el cumplimiento de tu plan. Como es lógico, una vez vayamos adquiriendo experiencia y destreza esto no tiene por qué estar tan encorsetado y rígido.

Es evidente que el mero hecho de escribir en un diario no hará que tu *trading* sea bueno por sí solo. Requiere tiempo y disciplina, así como una buena toma de decisiones que te permitan determinar reglas para explotar ventajas de alta probabilidad de éxito.

No digo que tengas que adquirir uno u otro, pero es muy recomendable que hagas un registro de tus operaciones. Si estás interesado, he publicado mi propio diario de *trading* bajo el mismo nombre "De Principiante a Principiante – Diario de *Trading*" en la misma plataforma que este libro.

A continuación, te dejo las reglas que yo determiné para llevar a cabo mi operativa. Tómalas como ejemplo, como idea, como punto de partida.

Reglas Operativas:

- Puntuaremos sobre un total de 100 puntos.
- Del total de operaciones realizadas en la sesión determinaremos con una regla de tres qué porcentaje de operaciones respeta el *stop loss* fijado y qué porcentaje no lo respeta. Por ejemplo: si de 10 operaciones respeto esta regla solo en 6 de ellas, habríamos obtenido 60 puntos de los 100 posibles.
- Puntuaremos con -10 puntos por cada operación realizada fuera del horario asignado (en mi caso, las dos primeras horas desde la apertura del mercado aprovechando el alto volumen de actividad y volatilidad).
- Puntuaremos con -10 puntos por cada operación abierta en base a la estrategia de "Reversión del precio", a partir del segundo intento sin éxito en un mismo nivel de precio.
- Puntuaremos con -20 puntos por cada operación en la que modifiquemos nuestro lotaje establecido.

- Puntuaremos con +10 puntos por cada operación en la que dejemos correr ganancias hasta alcanzar, al menos, nuestro *take profit* con relación riesgo/beneficio de 1:2.

Éstas son mis reglas. Recuerda que pueden ayudarte como punto de partida. Trabaja y define las tuyas propias.

LA VIDA ES INCERTIDUMBRE

Seguramente estarás harto de leer las expresiones "probablemente", "alta probabilidad", "es posible". Etcétera. En el *trading* siempre se habla de este modo porque nadie puede garantizarte un resultado. Y si lo hace, desconfía. Nadie, que sea medianamente serio, te ofrecerá algo como cierto en el *trading;* porque el *trading* es incertidumbre. Pero es que la vida también lo es. No hay nada cierto ni en el *trading* ni en ningún aspecto de la vida.

Cuando vas a la universidad esperando cumplir tu sueño de ser abogado, ingeniero o químico, nadie te asegura que vayas a terminar la carrera; eso solo puedes decidirlo tú. Nadie te asegura que esos estudios vayan a suponerte un empleo; solo tú decidirás eso o, mejor dicho, solo tú podrás hacer que las circunstancias sean las óptimas para que se den los resultados que buscas.

Cuando inviertes tu capital o lo pides prestado para abrir un negocio, nadie puede garantizarte que ese negocio vaya a funcionar; menos aún, por sí solo. Tendrás que dedicarle trabajo, esfuerzo, tiempo, sacrificio… Y, a pesar de todo esto, tampoco hay nada seguro. Solo incertidumbre.

Pensemos en una relación sentimental. Rachas buenas y rachas malas, como en todo. Incertidumbre. ¿Y si me caso? No te preocupes, ya se inventó el divorcio. El compromiso con tu pareja no se basa en un papel firmado ni ante Dios ni ante un juez. Ese compromiso se trabaja, se pule, como un equipo, para reducir al máximo la incertidumbre. Y tampoco podrán asegurarte un resultado nunca.

La vida es esto. Es cambio, es adaptarse, sin saber qué hay delante, sin saber qué hay más allá de la luz de los faros que iluminan tu camino.

En este punto, voy a intentar explicarte de un modo sencillo la **Ley de los Grandes Números,** como todos antes que yo, con el juego de la moneda. No pretendo inventar nada nuevo.

Sabemos que una moneda tiene dos lados: cara o cruz. Por tanto, si la tiramos una sola vez tendremos un 50 % de probabilidad de que salga cara y un 50 % de probabilidad de que nos salga cruz. Partamos de esta base. Ahora bien, si en vez de una sola vez la lanzamos diez veces, este porcentaje puede no parecerse en nada a la probabilidad teórica de base. Quiero decir, que podríamos sacar diez caras y ninguna cruz. Esto sucede así porque el impacto de la probabilidad de base no se cumple, necesariamente, en el corto plazo o, mejor dicho, en los pocos intentos. La fuerza de la Ley de los Grandes Números se sostiene precisamente en esto: el largo plazo o, mejor dicho, los muchos intentos, los grandes números. Si esa misma moneda la lanzamos mil veces, el porcentaje de caras y de cruces se acercará más a ese 50-50 que en teoría teníamos. Y con cada lanzamiento, más aún.

Te cuento esto porque yo no sé a día de hoy si mi actividad en el *trading* terminará por reportarme ganancias o no. No sé si lograré llegar a ser rentable y consistente, mucho menos cuándo. Lo que sí sé es que, si como yo deseas que así sea, debemos aprovechar esta **ventaja estadística** y beneficiarnos del potencial que nos ofrece esta Ley. Date tiempo para aprender. Cuanto más lo intentes, más cerca estarás de alcanzar un porcentaje mayor de acierto, de éxito. Y esto sí, créeme, lo sé de primera mano.

Soy funcionario. Enfrentarse a una oposición es exactamente igual que aprender a ser rentable y consistente en el *trading*. Te formas, te preparas, amplías temario, esperando obtener la mejor respuesta, dedicando tu tiempo, renunciando a familia, amigos e incluso a la posibilidad de tener una pareja. Todo ello, sin saber si algún día lo conseguirás ni cuándo. Todo incertidumbre. Sin saber si finalmente te verás obligado a claudicar y retirarte a tiempo de la competición, piensas. Cuando opositas ves a tus compañeros conseguirlo antes que tú. Y eso te alegra, claro que te alegra. Pero no eres tú. Muy a mi pesar, soy consciente de que es exactamente igual cuando tienes un muy mal día en el *trading* y quemas los beneficios de todo un mes, teniendo que volver a empezar de cero, mientras guardas la calma. Yo estuve durante 5 años de mi vida preparando la oposición y te puedo asegurar que cada año que suspendes el examen estás quemando no un mes, sino todo un año de beneficios. O así lo parece. Empezar de cero para enfrentarte al examen el año siguiente mejor preparado si cabe. La batalla del *trading*, como la batalla de una oposición, como la de cualquier otra meta en la vida, necesita tiempo para expresarse en éxito. Necesita un proceso de ensayo y error, que durará más o menos dependiendo de tu implicación y compromiso con tus objetivos. Para reducir este tiempo debemos acelerar nuestra curva de aprendizaje comprimiendo el máximo número de intentos en el menor tiempo posible.

Nadie nos garantiza nada. Ni falta que hace. Porque somos nosotros quienes debemos fabricar nuestro porcentaje de acierto. Y si llegamos a obtener un 40 %, siempre quedará el otro 60 por el que perderemos. Pero en el largo plazo, tus aciertos y los míos, nos reportarán el éxito, en el *trading* y en la vida.

EL CUANTITATIVO

Después de estudiar los cimientos del *trading*, el Análisis Técnico y Chartista tradicional usado por la mayoría de los *traders* discrecionales, vamos a complicar algo más la historia. En este capítulo abordaremos el Análisis Cuantitativo, los principales indicadores, qué son y para qué se usan. Eso sí, evitaré en la medida de lo posible cargar el texto con fórmulas matemáticas que expliquen cómo se obtienen dichos indicadores. Con que sepamos cuáles de ellos podemos usar en un escenario u otro y de qué manera funcionan es suficiente.

Para empezar, distinguiremos entre tres grandes grupos los indicadores, siendo estos: de tendencia, osciladores y de volumen.

INDICADORES DE TENDENCIA

Como su propio nombre indica, son indicadores que marcan tendencias bien definidas evitando generar "ruidos" en el transcurso de la misma. Ahora bien, son indicadores retardados donde podemos perder el inicio y el final de la tendencia, y no funcionan nada bien en periodos laterales o indiferenciados generando todo ese "ruido" que nos evitan en las tendencias definidas.

Entre los indicadores de tendencia nos detendremos en los tres principales, más comunes y usados por los operadores: las medias móviles simple, ponderada y exponencial.

Las **Medias Móviles** se grafican sobre la cotización del precio. Para su mejor entendimiento te recomiendo que ojees la Figura 36 a medida que lees la explicación, donde se superponen los tres tipos de medias móviles que vamos a comparar a continuación. Cada una de las medias se establecen en relación a unos parámetros (como el resto de indicadores) que pueden variar dependiendo del uso que necesitemos darles. El parámetro es el número de periodos (sesiones o velas) sobre el que queremos calcular la media móvil. Cuanto mayor sea este periodo más lenta será nuestra media (evitando "ruidos" del precio) y, por tanto, más tarde se producirán las señales de entrada y salida, con la pérdida de puntos que ello podría llevar aparejado. Cuanto menor sea el periodo más rápida será nuestra media (generando mayor cantidad de "ruido" del precio) y menor fiabilidad tendrán las señales de entrada y salida.

Siendo así, para obtener un resultado normalizado de las tres medias móviles las compararemos calculándolas sobre el mismo número de periodos o sesiones. De esta forma, como puedes observar en el gráfico (Figura 36) la media que se adapta mejor a los cambios de tendencia es la **Media Ponderada,** siendo muy raro que la **Media Exponencial** se adelante a ésta, aunque se puede dar el caso en tendencias laterales o rangos en el precio. Entre la **Media Simple** y la Media Exponencial vemos pocas diferencias, con la salvedad de que la Exponencial se comporta de forma algo más rápida que la primera. Por otro lado, la Media Simple obtiene mayor inercia del movimiento del precio que la Exponencial y esto se traduce en menor "ruido" y mayor continuidad, pero supone que el *stop loss* quede muy alejado de nuestra posible entrada.

Figura 36. Comparativa de Medias Móviles Simple, Ponderada y Exponencial en el FTSE100 en gráfico de 1 día (extraído de la xStation5 de XTB)

La media más gruesa es la Ponderada, la intermedia es la Simple y la más delgada es la Media Móvil Exponencial; todas ellas con un cálculo de 20 periodos.

Habiendo visto estas características, la Media Móvil Simple podría reportarnos grandes beneficios en periodos tendenciales bien pronunciados, aunque es la que menos operaciones generaría de las tres; la Media Móvil Ponderada se comportará mejor en periodos poco tendenciales con abundantes cambios en la dirección del precio, ciñéndose a éste y evitando grandes pérdidas, aunque es la que más operaciones generaría de las tres y esto supone que las entradas no sean tan fiables; la Media Móvil Exponencial, por su parte, queda en tierra de nadie ya que carece de inercia por el movimiento anterior del precio ni se ciñe con rapidez a la curva del precio, sin embargo podría ser útil como base de otros indicadores más complejos.

Una idea para el uso de medias móviles sería, por ejemplo, el siguiente. Usaremos la Media Móvil Ponderada de 20 periodos de la figura anterior. Determinamos en primer lugar qué tipo de operaciones vamos a ejecutar. Esto lo haremos definiendo la tendencia principal de temporalidad superior. Si operamos, por ejemplo, en un gráfico de D1 miraremos la tendencia superior en un gráfico de W1. Cuando el precio se encuentre por encima de nuestra media solo tendremos opción de abrir operaciones de compra (no significa que debamos comprar obligatoriamente, solo que en este periodo buscaremos oportunidades de compra) y si el precio se encuentra por debajo de nuestra media móvil solo tendremos opción de abrir operaciones de venta. Una vez definidas las oportunidades que debemos buscar, en el gráfico D1 compraremos cuando el precio cierre por encima de la misma media móvil si previamente el precio cerró con otra vela anterior por debajo de la media. De igual modo, si la tendencia superior nos lo permite, venderemos si en el gráfico D1 el precio cierra por debajo de la media móvil que estemos usando, siempre y cuando el precio haya cerrado previamente con una vela anterior por encima de la media. En caso de compra, situaremos el *stop loss* por debajo del último mínimo que cerró debajo de la media y el *take profit* podríamos situarlo al doble de distancia que nuestro *stop loss* respetando el Ratio Riesgo/Beneficio 1:2. En caso de venta, situaremos el *stop loss* por encima del último máximo que cerró encima de la media y el *take profit* al doble de distancia del mismo modo (Figura 36).

Otra alternativa sería dejar correr las ganancias hasta que se produzca un retroceso e ir modificando nuestros *stop loss* de forma dinámica como ya vimos anteriormente, siempre y cuando, después del retroceso, el precio supere los últimos máximos (en caso de compra) o los últimos mínimos (en caso de venta).

El **Parabolic SAR** es un indicador de tendencia de características similares a las medias móviles, al menos, en cuanto a su funcionamiento.

Veamos ahora los **Canales de Donchian,** otro indicador de tendencia, creado por Richard Donchian que localiza en base a máximos y mínimos determinados el rango en que se mueve el precio. Al igual que las medias móviles, los Canales de Donchian se grafican sobre la cotización del precio. Está compuesto por dos bandas, superior e inferior, y un eje central. Todos los niveles subirán o bajarán según el precio vaya generando nuevos máximos o mínimos, respectivamente. Si no se generan nuevos máximos o mínimos, tanto las bandas como el eje central permanecerán planos.

Una idea de *trading* para su uso sería, como en el caso de las medias móviles, determinar en una temporalidad superior a la que vayamos a trabajar la tendencia principal que definirá qué tipo de oportunidades deberemos buscar. En gráfico H1 determinaremos que la tendencia superior es alcista si la banda superior está subiendo o es plana, pero anteriormente subía; y será bajista si la banda inferior está bajando o es plana, pero anteriormente bajaba. Cuando sepamos que las oportunidades a buscar son de compra (tendencia superior alcista) efectuaremos nuestra entrada esperando ver una vela bajista completa por debajo del eje central en gráfico M15 y si el precio rompe el máximo de esta vela previa, entonces compraremos. Cuando sepamos que las oportunidades a buscar son de venta (tendencia superior bajista) efectuaremos nuestra entrada esperando ver una vela alcista completa por encima del eje central en gráfico M15 y si el precio rompe el mínimo de esta vela previa, entonces venderemos (Figura 37).

El *stop loss* podríamos situarlo por debajo del mínimo de la vela bajista completa previa que generó nuestra entrada de compra o por encima del máximo de la vela alcista completa previa que generó nuestra entrada de venta. El *take profit* se ejecutará de forma manual cuando la banda superior (en caso de compra) o la banda inferior (en caso de venta) queden planas, pues esto significa que en el corto plazo no genera nuevos máximos o mínimos, respectivamente; siempre y cuando el beneficio que se esté obteniendo supere el doble de lo que estemos arriesgando en la operación. En caso contrario, dejaríamos abierta la operación hasta que este requisito se cumpla o salte nuestro *stop loss*. Fíjate en la Figura 37 mientras vuelves a leer las reglas operativas descritas antes.

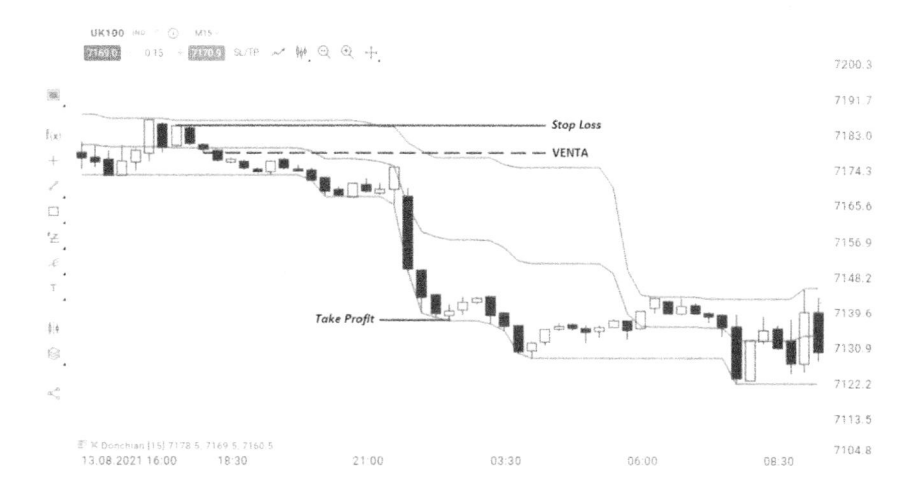

Figura 37. Canales de Donchian en el FTSE100 en gráfico de 15 minutos (extraído de la xStation5 de XTB)

Otro indicador muy parecido a los Canales de Donchian son las famosas **Bandas de Bollinger.** Su funcionamiento es muy similar al que acabamos de ver y, por esto, no nos detendremos en su estudio concreto. Pero, de nuevo, si estás interesado tanto en éste como en el Parabolic SAR, una búsqueda rápida en Google será suficiente para encontrar más información al respecto.

HEIKIN ASHI Y OTROS JAPONESES

Existen otro tipo de indicadores de tendencia, pero éstos, a diferencia de los anteriores, se representan creando gráficos totalmente distintos a los generados por las velas japonesas tradicionales. Es decir, no se representan sobre el gráfico, sino que son el gráfico en sí mismo. Para la creación de estos gráficos de velas, como no, encontramos involucrados en la tarea a los japoneses. Son menos usados que los indicadores de tendencia habituales, pero su extrema simpleza puede darnos una ventaja relevante, sobre todo en este punto en que comenzamos a operar los mercados. Aun así, conforme vayamos avanzando y profundizando en las distintas metodologías para llevar a cabo tu operativa te darás cuenta de que cuanto más simple es el proceso de toma de decisiones más fácil será la tarea de cumplir con tu plan de *trading*.

Como decía, estos indicadores tendenciales son los gráficos *Heikin Ashi*, *Renko* y *Kagi*. A continuación, te muestro un ejemplo de cada uno de ellos, pero solo estudiaremos el gráfico *Heikin Ashi* con detenimiento.

Como ves, la forma del **Renko** es extremadamente simple (Figura 38). El **Kagi,** por su parte, ni siquiera se representa mediante velas (Figura 39), aunque la interpretación de máximos, mínimos, soportes, resistencias y zonas pivote sigue siendo la misma en todos los casos como en las vistas hasta el momento.

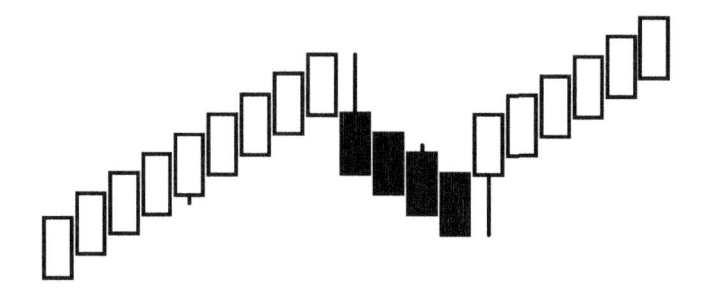

Figura 38. Ejemplo gráfico de un gráfico *Renko* (de elaboración propia)

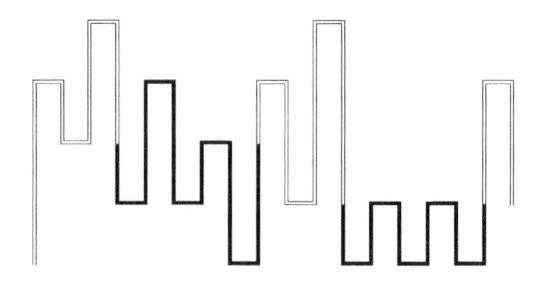

Figura 39. Ejemplo gráfico de un gráfico *Kagi* (de elaboración propia)

En cuanto al gráfico **Heikin Ashi,** *"Heikin"* significa "promedio" en japonés y *"Ashi"* es "ritmo". Con esta forma de representación del precio obtenemos el "ritmo promedio" del mismo, es decir, funciona como una media móvil. De hecho, para el cálculo de las velas *Heikin Ashi* se tienen en cuenta la apertura y el cierre del periodo anterior y apertura, alto (máximo), bajo (mínimo) y cierre del periodo actual. De esta forma se evitan "ruidos" en los periodos tendenciales bien definidos. Lo mismo que ocurría con las medias móviles. Entonces, ¿por qué usar *Heikin Ashi* en lugar de medias móviles? Por su manera de graficar el precio. Cuando uso medias móviles, a pesar de que éstas trabajan para evitarme el "ruido" del mercado, me es imposible no mirar la acción del precio e, inconscientemente, me veo condicionado a tomar decisiones en base a éste. Con *Heikin Ashi* (Figura 40) únicamente tengo delante el gráfico de velas ya "transformado" o "modificado", es decir, no puedo ver el "ruido" y mi gestión de la operativa me lo agradece.

Figura 40. Gráfico *Heikin Ashi* en el Oro en gráfico de 1 día (extraído de la xStation5 de XTB)

Como ves, este gráfico si es algo más parecido al de velas japonesas tradicionales, pero los movimientos del precio se producen con mayor fluidez y continuidad; no son tan abruptos. Sin embargo, es solo una representación del precio, la cual es menos precisa que la representación de *candlesticks* tradicionales. Es por ello, que debes entender su funcionamiento y patrones de velas específicos. Por tanto, lo visto para las velas tradicionales no se puede aplicar en su totalidad a este tipo de velas. Vamos a verlo en profundidad.

En primer lugar, debes saber que jamás encontraremos *gaps* o huecos en los precios con un gráfico *Heikin Ashi,* justamente porque se calcula de forma parecida a una media teniendo en cuenta datos (apertura y cierre) de la sesión anterior y datos (apertura, alto, bajo y cierre) de la sesión actual. Por esto, la diferencia que puede existir entre estas dos sesiones se promedia y el hueco desaparece. Olvidémonos, entonces, de buscar estrellas del amanecer o estrellas del atardecer.

Figura 41. Gráfico *Heikin Ashi* en el Oro (extraído de la xStation5 de XTB)

En segundo lugar, buscaremos unos patrones distintos a los que hemos visto hasta ahora. Para determinar la fuerza del movimiento con *Heikin Ashi* nos fijaremos en el cuerpo de la vela: cuanto mayor sea, mayor fuerza nos indica. También nos fijaremos en la mecha o sombra: nos indicará fuerza en la tendencia si aparece en la misma dirección de la tendencia y debilidad si aparece en contra de ésta. Fíjate en la Figura 41 para entenderlo mejor.

OSCILADORES

Vamos a ocuparnos ahora de los osciladores. Como en los anteriores, existe un amplio abanico de posibilidades, aunque nosotros veremos solo los tres más usados y representativos: RSI o *Relative Strenght Index* (Índice de Fuerza Relativa), Estocástico y MACD o *Moving Average Convergence/Divergence*. Los osciladores se comportan bien en entornos laterales o indiferenciados y se saturan con facilidad en periodos tendenciales pronunciados. Algunos de estos indicadores están normalizados, es decir, la medición que realiza se produce entre valores fijos y determinados, como ocurre con el RSI o el Estocástico. Por lo general, oscilan entre 0 y 100 o entre +1 y -1. Otros, sin embargo, como el MACD, no oscilan entre valores definidos. El sentido de los osciladores o, más bien, la pretensión, es actuar como indicadores adelantados; es decir, se pretende prever el futuro, cosa que, como podrás imaginar, es imposible. En todo caso, sí que se construyen en base a un cálculo que nos permite comparar los sucesos pasados más rápidamente que con los considerados indicadores retardados de tendencia. Pueden representarse como gráficos de línea (RSI, Estocástico) o como histogramas, o ambos (MACD); y se grafican bajo la cotización del precio del activo.

Para tener una idea de uso de estos indicadores en nuestro *trading* definiremos los conceptos básicos relacionados con los osciladores y que son aplicables a todos ellos. Para ello usaremos como referencia el RSI.

Es habitual dividir el gráfico de los osciladores en tres zonas relevantes. Para explicarlas, observa en la Figura 42 de abajo cómo transcurre la línea del RSI en un gráfico D1 del Oro. Como ves, en la zona de arriba (de 100 a 70) determinamos que es una **zona de sobre compra,** la zona intermedia (de 70 a 30) será una **zona de indecisión** y la zona de abajo (de 30 a 0) una **zona de sobre venta.**

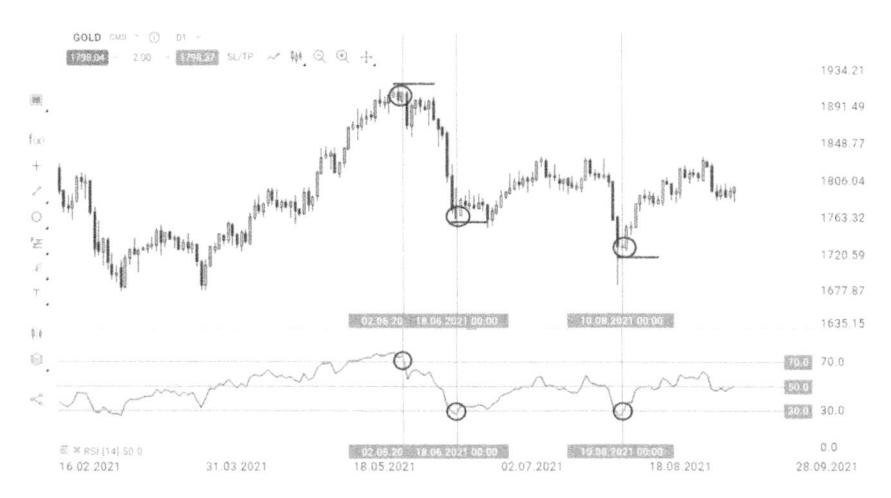

Figura 42. Zonas de Sobre Compra y Sobre Venta en RSI en gráfico D1 del Oro los días 2 y 8 de junio de 2021 y 10 de agosto de 2021 (extraído de la xStation5 de XTB)

La idea de *trading* sería la siguiente. Observa como el día 2 de junio el RSI cruza el nivel de 70 de forma descendente y el precio se dispone a realizar una bajada importante en la cotización. Esta señal acertada nos habría reportado importantes beneficios puesto que habríamos situado nuestro *stop loss* justo por encima del último máximo previo a la señal de entrada en corto. La siguiente señal, sin embargo, no resulta acertada. El día 8 de junio del mismo año el indicador RSI cruza de forma ascendente el nivel de 30, dándonos la señal de entrada en largo y habríamos situado nuestro *stop loss* por debajo del último mínimo previo a la señal de entrada, el cual habría saltado unos días después causándonos una pequeña pérdida. En el último ejemplo, el RSI cruza hacia arriba el nivel de 30 señalándonos una compra también exitosa. Los *take profits* podemos determinarlos a placer, según nuestra aversión al riesgo o agresividad. Puedes establecerlos según la relación riesgo/beneficio 1:2, 1:3, 1:4. Etcétera. O de forma manual, dejando correr las ganancias hasta que el RSI cruce el nivel contrario de nuestra operación. He de decir que estas zonas pueden modificarse, según lo desee el operador, haciéndolas más grandes o más pequeñas. En el primero de los casos, las posibles señales serán más abundantes, pero de escasa fiabilidad; mientras que en el segundo, las posibles señales serán más escasas, aunque con mayor probabilidad de éxito. Otros operadores también establecen un **eje central** en el nivel de 50 esperando comprar cuando el indicador cruza hacia arriba el nivel o vender cuando el indicador lo cruza hacia abajo. Este eje central de 50 también podrías usarlo como objetivo de ganancias.

Te recuerdo que se trata de una idea de *trading* no un sistema que seguir al pie de la letra; las probabilidades de acierto es algo que tendrás que comprobar por ti mismo mediante ensayo y error.

Como ves, las posibles formas de interpretar un indicador son innumerables y cada operador establece sus reglas, su sistema, en base a sus propias comprobaciones e interpretaciones de los mismos.

Más señales relevantes: **ruptura de directriz**. Del mismo modo que podemos dibujar una línea de tendencia sobre el gráfico del precio, podemos hacerlo sobre nuestro indicador oscilador. Para facilitar la tarea continuaremos con nuestro RSI sobre el Oro en gráfico D1.

Figura 43. Ruptura de directriz en RSI en gráfico D1 del Oro el día 2 de junio del 2021 (extraído de la xStation5 de XTB)

Como ya sabes, la línea de tendencia alcista es aquella que une mínimos crecientes y la línea de tendencia bajista la que une máximos decrecientes. Ambas líneas de tendencia de la imagen anterior (Figura 43) son alcistas, tanto el precio como el RSI nos indican una concordancia, coherencia o similitud entre ambos. Pero justo al final, el RSI comienza a romper la directriz antes de que esa ruptura se produzca en el precio. Nos alerta de que un posible cambio podría estar a punto de suceder. No me cansaré de repetirlo: es probable que suceda ese cambio, pero no es necesariamente lo que ocurrirá. Por esto, como no podemos tomar nada como cierto, solo lo tomaremos como una señal de alerta.

En la Figura 43 tenemos el mismo periodo de tiempo en el mismo activo, con el mismo indicador y en gráfico de igual temporalidad que en el ejemplo anterior (Figura 42). Igual que en el caso anterior, la primera señal del día 2 de junio, el RSI nos indicaba señal de venta en corto por ruptura de directriz de forma anticipada a como lo haría seguidamente en la directriz del precio después de un intento previo fallido.

Figura 44. Señales combinadas: Zona de Sobre Compra y Ruptura de directriz en RSI (extraído de la xStation5 de XTB)

Esta señal, además, se da al mismo tiempo que la señal basada en la zona de sobre compra (Figura 44). Es decir, dos señales juntas para el mismo tipo de operación. Esto nos indica que sucederá el escenario que prevemos con mayor probabilidad de éxito si cabe. Cuantas más señales a favor de nuestro escenario consigamos identificar, mayor fiabilidad tendrá.

Por último, podemos buscar divergencias entre ambos gráficos. Una **divergencia** se produce cuando ambos gráficos no son similares en cuanto a la generación de nuevos máximos o mínimos que sean crecientes o decrecientes, respectivamente. Simplificando, si el precio hace nuevos máximos crecientes en una tendencia alcista mientras que el oscilador hace nuevos máximos, pero son decrecientes, tendremos una **divergencia bajista.** Del mismo modo, si el precio genera nuevos mínimos decrecientes en una tendencia bajista mientras que el oscilador hace nuevos mínimos, pero son crecientes, tendremos una **divergencia alcista.**

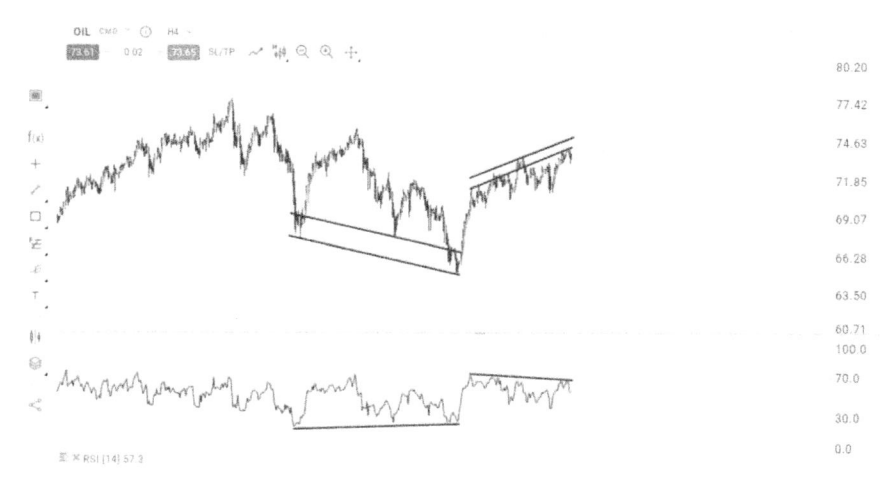

Figura 45. Divergencia alcista y bajista en RSI en el Petróleo en gráfico H4 (extraído de la xStation5 de XTB)

En la Figura 45 podemos ver claramente que existe descorrelación entre la acción del precio y el oscilador. Esto significa que, en la primera divergencia de la imagen (alcista), el precio hace nuevos mínimos decrecientes pero el RSI genera mínimos crecientes o planos: descorrelación. En la segunda divergencia de la imagen (bajista) sucede lo contrario, nuevos máximos crecientes en precio, pero decrecientes o planos en RSI. Es decir, la fuerza relativa del movimiento disminuye.

Vistos los criterios aplicables a la mayoría de los osciladores, veamos los tres más usados y representativos:

El **RSI,** que proviene de su nomenclatura anglosajona *Relative Strenght Index,* trata de ser un **Índice de Fuerza Relativa** creado por Welles Wilder que calcula la fuerza relativa del precio a partir de los últimos 14 periodos anteriores, con una media de los periodos alcistas (de esos 14) entre una media de los periodos bajistas (de esos 14), normalizando el resultado para que fluctúe entre 0 y 100, como ya hemos mencionado. Este parámetro es de 14 periodos o sesiones por defecto en la mayoría de plataformas de *trading,* aunque se puede modificar a nuestro parecer. Como siempre, cuantos menos datos (periodos o sesiones) aportemos al cálculo, mayor rapidez obtendremos del indicador, pero menor fiabilidad tendremos de las señales; y viceversa. Los niveles de sobre compra y sobre venta son, por lo general, de 100 a 70 y de 30 a 0, respectivamente.

El **Estocástico,** creado por George Lane, es un indicador igualmente normalizado entre dos bandas de 0 a 100 compuesto por dos líneas suavizadas llamadas **%SK** y **%SD** a partir de otras dos, no suavizadas, llamadas %K y %D. No nos detendremos en la manera de calcular dichas líneas, pero si es importante saber que el Estocástico es el más rápido de los osciladores. También se pueden modificar los parámetros de su cálculo lo cuales son, por defecto, (10, 6, 6) y podemos aplicar las señales de zonas de sobre compra (entre 100 y 80) y sobre venta (entre 20 y 0), así como ruptura de directrices y divergencias para la interpretación del mismo como con el RSI.

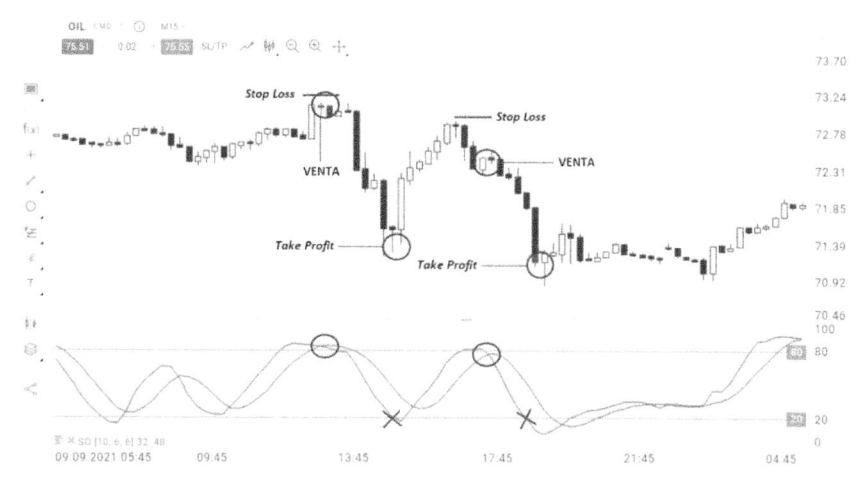

Figura 46. Zonas de Sobre Compra y Sobre Venta en el Estocástico en gráfico M15 del Petróleo (extraído de la xStation5 de XTB)

La idea de *trading* más habitual es vender cuando se crucen ambas líneas %SK y %SD en la zona de sobre compra o comprar cuando se crucen en la zona de sobre venta. Como puedes observar en la imagen anterior (Figura 46) realizamos una venta en el cruce de Estocástico por encima de la zona de sobre compra, situando el *stop loss* por encima del último máximo que ha generado el gráfico y podemos fijar nuestro *take profit* de forma manual cuando una de las dos líneas del oscilador sobrepase la zona de sobre venta. En esta operación el riesgo es mínimo y obtenemos un beneficio bastante atractivo. En el segundo caso, operamos del mismo modo, aunque en esta ocasión el riesgo si es algo mayor puesto que debemos situar nuestro *stop loss* más distanciado de la entrada, lo que conlleva mayor riesgo. Que este oscilador sea el más rápido también conlleva que necesite de una mayor volatilidad en el movimiento del precio para darnos señales más efectivas. Si te fijas a ambos lados del gráfico observarás que la variación del precio es mínima y, sin embargo, el Estocástico sigue fluctuando, llegando, incluso, a dar señales "erróneas" con las cuales no habríamos obtenido buenos resultados.

Por último, el **MACD** o *Moving Average Convergence/Divergence,* por sus siglas en inglés, **Media Móvil de Convergencia/Divergencia,** fue creado por Thomas Asplay y es un indicador algo más versátil que los dos anteriores porque puede usarse como indicador de tendencia y como un oscilador. Este indicador, también representado en un gráfico aparte, bajo la cotización del precio, está compuesto por dos líneas llamadas MACD (Media Móvil Exponencial corta, por ejemplo, de 10 periodos) y Signal (Media Móvil Exponencial larga, por ejemplo, de 20 periodos); y un histograma de barras. Los tres elementos fluctúan en torno a un eje central 0 de forma no normalizada, es decir, no tiene límite ni por encima ni por debajo; por lo que la interpretación de los niveles de sobre exposición (zonas de sobre compra y sobre venta) deberemos determinarlos de forma relativa en relación con datos pasados.

Para establecer señales de entrada al mercado con este indicador tenemos dos alternativas principales, entre otras. **Señales "rápidas"** o **señales "lentas"**. Observa la figura siguiente (Figura 47).

Figura 47. Señales "lentas" en el MACD en gráfico H1 del Petróleo (extraído de la xStation5 de XTB)

La idea de *trading* podría ser determinar el cambio en la dirección del precio cuando las líneas MACD y Signal cambien su dirección y tomar como señal "rápida" buena cuando este cambio se produzca en zonas de sobre compra o sobre venta. Es decir, cuando ambas líneas se crucen en zona de sobre compra entraremos cortos y cuando se produzca en zona de sobre venta entraremos largos. En el caso del MACD, al no estar normalizado, las zonas de sobre exposición serán relativas y para establecerlas, observaremos los eventos donde MACD alcance niveles muy altos o muy bajos en comparación con la mayoría de los movimientos, tratando de trazar nuestros propios niveles. La otra alternativa sería determinar el cambio de dirección del precio cuando el histograma del indicador pase a través del eje central 0 desde abajo hacia arriba, tomando ésta como señal "lenta" de compra, o desde arriba hacia abajo, tomando ésta como señal "lenta" de venta. El cierre de la operación no sería fijando un objetivo con *take profit*, sino de forma manual cuando las barras del histograma comiencen a disminuir de tamaño en lugar de crecer (Figura 47).

Estos son algunos de los usos que podemos dar a estos indicadores y voy a repetirlo una vez más: no son planes de *trading*, ni mucho menos, ni sistemas ni una metodología probada a seguir. Solo son ideas para entender fácilmente cuál es el funcionamiento de los mismos. Pruébalas, combínalos con otros indicadores, con tu análisis de la acción del precio, con soportes, resistencias, etc. Experimenta.

Lo siguiente en nuestra lista son los indicadores de volumen, pero para estudiarlos antes me gustaría mostrarte una de las metodologías más usadas asociadas a estos indicadores. Si te parece, lo veremos en un capítulo aparte. Así que hagamos un esquema de lo que acabamos de ver.

Análisis Cuantitativo

- Indicadores de tendencia: funcionan bien en tendencias definidas evitando "ruidos" en el *price action*.

- Media Móvil Simple (MMA): es la que mayor inercia obtiene del movimiento del precio, mayor continuidad, pero también mayor distancia entre la posible entrada y el *stop loss*.

- Media Móvil Exponencial (EMA): no destaca ni por su inercia ni por su rapidez, aunque puede ser útil como complemento a otros indicadores.

- Media Móvil Ponderada (LWMA): es la que mejor se adapta a los cambios de dirección y, por tanto, la más rápida, pero esto supone más "ruido" y mayor cantidad de entradas falsas.

- Canales de Donchian: formado por dos bandas, superior e inferior, y un eje central.

- Otros: Parabolic SAR (como medias móviles) o Bandas de Bollinger (como Canales de Donchian).

- Gráficos: como indicadores de tendencia *Renko, Kagi* y *Heikin Ashi*. A diferencia de todos los anteriores, éstos no se grafican sobre la cotización del precio, sino que representan la acción del precio en sí mismos.

- Osciladores: funcionan bien en tendencias poco definidas o periodos laterales, aunque se saturan rápido en periodos tendenciales bien definidos.

    - RSI o *Relative Strenght Index:* normalizado entre 0 y 100, calculado en 14 periodos y con zonas de sobre compra entre 100 y 70; y zonas de sobre venta entre 30 y 0, por defecto.

    - Estocástico: normalizado entre 0 y 100, formado por las líneas %SK y %SD, calculado con parámetros de (10, 6, 6) y con zonas de sobre compra entre 100 y 80; y zonas de sobre venta entre 20 y 0, por defecto.

    - MACD o *Moving Average Convergence/Divergence:* no está normalizado, formado por las líneas MACD y Signal, además de un histograma. Podemos usar señales "rápidas" o señales "lentas".

    - Señales usadas: zonas de sobre exposición (sobre compra y sobre venta), ruptura de directrices y divergencias entre la acción del precio y el oscilador.

- Indicadores de volumen: en el capítulo siguiente.

WYCKOFF Y LA MANIPULACIÓN DEL MERCADO

Richard Wyckoff (1873 – 1934) operaba activos desde los 15 años. Pasó su vida estudiando los mercados financieros, así como las estrategias llevadas a cabo por los grandes operadores, también conocidos como "manos fuertes" o "ballenas", quienes dominaban técnicas de manipulación del mercado valiéndose de una ingente cantidad de capital. Wyckoff se percató de que los movimientos del precio se manifestaban en una serie de patrones, sucesos o eventos concretos y se benefició durante largo tiempo de esta ventaja, hasta que decidió enseñar sus conocimientos al resto de inversores minoristas con el fin de compartir su mayor riqueza.

Hoy día la manipulación bursátil, aunque algo más controlada, se sigue dando por grandes cuentas institucionales. Según Wyckoff, podemos aprender cuáles son los eventos que se suceden y qué condiciones buscar para aprovechar el conocimiento de este hecho que la mayoría de pequeños inversores ignoran. La metodología Wyckoff es algo compleja en su totalidad y, falte decir, es aún más complejo dominarla e identificarla en real. Existe amplia literatura al respecto donde se profundiza al máximo, pero no es esa mi misión. Mi objetivo es hacerte conocedor de ella, enseñarte los fundamentos en los que se basa, los eventos principales y una idea de cómo podemos aventajar nuestra operativa haciendo uso de estos conocimientos.

Basó su estudio en **tres Leyes fundamentales:**

1. Primera Ley fundamental: **Ley de Oferta y Demanda.** Si la demanda es mayor que la oferta, el precio del producto subirá; si la oferta es mayor que la demanda, el precio del producto bajará.

Esta Ley se demuestra y queda registrada mediante el **Libro de Órdenes** (Figura 48) que ya he mencionado de pasada.

BID	PRECIO	ASK
	100	70
	99	65
	98	50
	97	60
	96	62
105	95	45
87	94	
100	93	
94	92	

OFERTA — Órdenes limitadas de venta

DEMANDA — Órdenes limitadas de compra

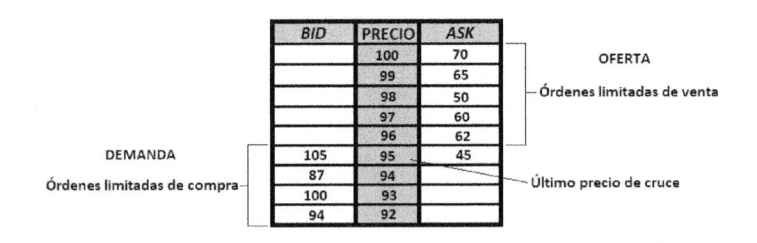

Último precio de cruce

Figura 48. Libro de Órdenes

La columna del **BID** registra el número de órdenes limitadas de compra que hay en un determinado nivel de precio a la espera de cruzarse con órdenes limitadas de venta, registradas en la columna del **ASK.** Intenta visualizar observando la tabla anterior lo siguiente: en el nivel de precio de 95 hay 105 órdenes limitadas de compra (demanda) y a ese mismo nivel de precio hay como contrapartida solo 45 órdenes limitadas de venta (oferta); esto quiere decir que de las 105 *buy limits,* 60 órdenes quedarían sin su correspondiente contrapartida a ese nivel de precio de 95, por tanto, aquellos inversores que no han logrado casar sus órdenes (las 60 restantes) que sigan queriendo comprar, tendrán que hacerlo a un precio mayor de 95, puesto que la oferta a 95 ya está agotada. Sus órdenes subirían por la tabla hasta el siguiente nivel de precio en 96, donde encuentran su contrapartida con las 62 órdenes limitadas de venta que se ofrece en ese momento. Restarían 2 órdenes limitadas de venta. El resultado sería una subida del precio del activo, es decir, que cuando la demanda es mayor que la oferta, el precio sube; cuando la oferta es mayor que la demanda, el precio baja.

2. Segunda Ley fundamental: **Ley de Causa y Efecto.** Nada sucede por nada, todo sucede por algo.

Para que se produzca un cambio en la dirección del precio o una continuación de la misma, primero debe construirse una causa que origine ese efecto. Esta Ley aplicada al *trading* nos señala como **causas** los distintos procesos de acumulación, reacumulación, distribución o redistribución (que veremos a continuación) y como **efectos** los movimientos tendenciales posteriores.

3. Tercera Ley fundamental: **Ley de Esfuerzo y Resultado.** Sin esfuerzo no puede darse el resultado.

Esta Ley aplicada al *trading* nos señala como **esfuerzo** la magnitud del volumen y como **resultado** la acción del precio. Se trata aquí, de comparar la armonía o divergencia entre la acción de uno y otro (que veremos más adelante) que no es otra cosa que: a mayor esfuerzo, mayor resultado; y viceversa.

Usaremos nuestra primera parada para describir de forma sencilla las **fases psicológicas** del mercado. En la imagen de abajo (Figura 49) observamos que el movimiento del precio es cíclico y siempre se producen estas fases donde se manifiestan los sesgos psicológicos en los que se basan el comportamiento de los inversores.

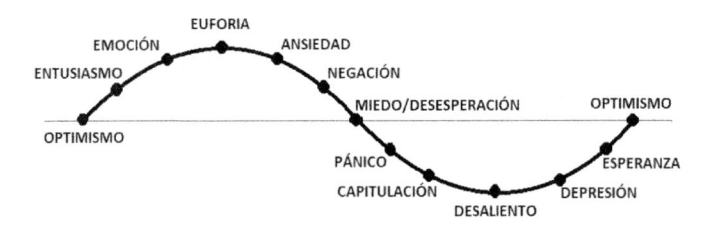

Figura 49. Fases Psicológicas del Mercado

Entiende que los mercados están formados por personas que participan en ellos y que, como tú, necesitan gestionar sus emociones las cuales sobrepasan, a veces, sus propias capacidades. Por tanto, no es de extrañar que los eventos se repitan una y otra vez. Veamos ahora esta misma idea de repetición, desde un punto de vista más técnico según Wyckoff.

Wyckoff determinó que entre cada periodo tendencial se producían unas fases concretas que podían consistir en una desaceleración del movimiento tendencial bajista para más tarde cambiar de dirección: **acumulación (1);** una parada o descanso en la tendencia alcista para continuar más tarde avanzando en la misma dirección: **reacumulación (2);** una desaceleración del movimiento tendencial alcista para más tarde cambiar de dirección: **distribución (3);** o una parada o descanso en la tendencia bajista para continuar avanzando en la misma dirección: **redistribución (4).**

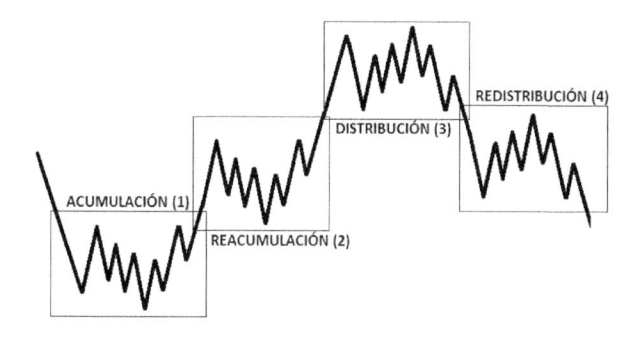

Figura 50. Fases del Mercado según Wyckoff

Esto, dicho de otro modo, es que cuando nos refiramos a procesos de cambio de tendencia bajista a tendencia alcista hablaremos de procesos de acumulación. Las "manos fuertes" tienen tal capacidad patrimonial que cuando quieren invertir ese dinero comprando, es decir, tomando posiciones en largo, no pueden realizar todas sus entradas al mismo tiempo porque la oferta no es suficiente para cubrir su demanda. De ahí que se tomen un tiempo más o menos largo para **acumular** sus posiciones de compra. En sentido contrario, cuando quieren deshacerse de sus posiciones de compra para recoger ganancias deben hacerlo poco a poco dado que no pueden cubrir en un solo momento la gran oferta que poseen con tan poca demanda de otros inversores minoristas. De ahí que tarden cierto tiempo en conseguir **distribuir** (vender) todas sus posiciones. Y esto, porque para que alguien compre otro tiene que vender y para que otro venda alguien tiene que comprar. Por cada acción debe, necesariamente, darse la contrapartida.

Richard Wyckoff escaneó estos procesos de acumulación y distribución y estableció las distintas fases que se producían en los mismos. Para ello, usó el indicador de volumen que nos dejamos en el tintero. Veámoslo antes de continuar con las fases.

VOLUMEN

El **Volumen** no es un indicador. Se lo conoce así de forma habitual por la facilidad didáctica que aporta este nombre, por desconocimiento o por el motivo que sea; no importa. Lo importante es saber que se trata de un dato más. De hecho, se dice que es el **quinto dato.** Los cuatro primeros, ya vistos en estas páginas, son: apertura, alto, bajo y cierre. Esto significa que el volumen es esencial para entender el mercado, para leer correctamente los movimientos del precio. Y se puede operar sin él, claro; pero ¿acaso conducirías un vehículo tapándote un ojo pudiendo conducir con el doble de visión? No, ¿verdad? La dificultad radica en la complejidad de su lectura. Voy a intentar facilitarte dicha tarea.

Hubo un tiempo en el que el dato del volumen solo estaba disponible en plataformas de *trading* de las grandes cuentas institucionales. Éstas se valían de una información sumamente valiosa que otros desconocían y la usaban, sobre todo, para las negociaciones de los pares de divisas en el mercado FOREX. Actualmente, todos tenemos acceso a esta información. Sin embargo, debemos tener en cuenta un detalle: no todos los instrumentos reflejan un volumen "real" del activo, pues algunos de ellos, como los CFDs, son una mera réplica de otros activos subyacentes, por lo que operar éstos solo en base al dato del volumen no tendría mucho sentido. En el caso de las divisas, por ejemplo, sí que se trataría de un dato real pero no completo, pues las transacciones de divisas no se producen solo en línea; también se realizan negociaciones en físico en las oficinas de cambio de divisas y esa nueva información en la subida o bajada de una divisa con respecto a otra no es inmediata.

El volumen nos señala qué cantidad de títulos, en el caso de acciones, o contratos, en los futuros, se casan en un periodo determinado. Nos señala la cantidad de negociación, de contrapartidas que hay por cada acción del inversor. Por tanto, un volumen alto nos dice que hay mucha actividad o interés en la negociación del activo en cuestión o a un nivel de precio concreto; mientras que un volumen bajo nos señala una baja actividad o interés por negociar ese activo o a ese nivel de precio, sea el que sea. Recuerda: por cada compra hay una venta y viceversa.

Se grafica mediante un histograma de barras bajo la cotización del precio y algunas plataformas, con el fin de facilitar su lectura, incluyen los colores verde y rojo para cada una de las barras según correspondan a una vela verde o roja de ese mismo periodo. En mi opinión, todo un desacierto. Solo confunde al operador principiante, como tú y como yo, haciéndonos creer que ese volumen es "comprador" (en el caso de una barra verde) o, dicho de otro modo, donde hay más compradores que vendedores; o que ese volumen es "vendedor" (en el caso de una barra roja) o, dicho de otro modo, donde hay más vendedores que compradores. No es así. Siempre habrá tantos compradores como vendedores. Para evitar esta confusión es recomendable modificar la configuración del volumen estableciendo un mismo color para todas las barras del histograma. En todo caso, hablaremos de mayor fuerza o presión compradora o vendedora.

Del mismo modo que para entender un lenguaje debemos conocer el significado de las palabras que lo componen, para entender y leer el volumen del mercado debemos conocer qué nos transmite el dato acerca de los participantes negociadores de ese mercado en ese momento. Si logramos entender esto, prever un escenario futuro plausible nos resultará más sencillo. Volvemos a las correlaciones entre el movimiento del precio y un segundo dato. En esta corriente o forma de operar, donde el volumen cobra un papel protagonista, a esa correlación se la conoce como **armonía;** y la correlación inversa, al igual que en el Análisis Cuantitativo, como **divergencia.**

Fíjate en la Figura 51 de más abajo. La variación del precio es menor cuanto menor volumen o cantidad de actividad negociadora se presenta y viceversa. Sin embargo, esta variación es creciente a medida que crece el volumen. Entre los días 9 y 12 de marzo del 2020, la acción de Iberdrola SA, bajo el *ticker* IBE, experimentó el pico de volumen que provocó una fuerte caída en el precio de la acción. Realiza el siguiente ejercicio: compara el tamaño de las velas cuando el volumen es bajo y alto.

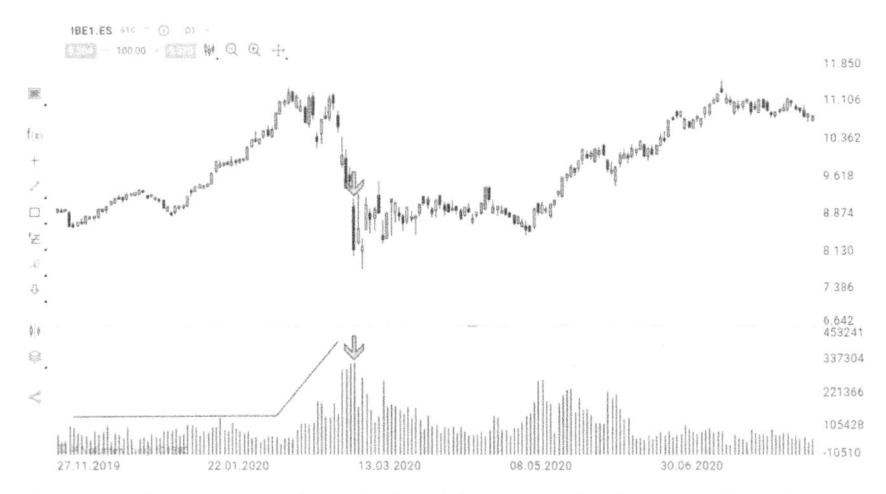

Figura 51. Armonía entre la variación del precio y el volumen en la acción de Iberdrola SA en gráfico D1 (extraído de la xStation5 de XTB)

Cuando el precio realiza un impulso, el volumen aumenta de manera considerable. Cuando sufre un retroceso, el volumen disminuye. Es justo éste el motivo de que se produzcan impulsos y retrocesos. Es decir, no porque haya un impulso en el precio el volumen aumenta, sino porque el volumen aumenta se produce un impulso. Y lo mismo ocurre con la disminución del volumen y los retrocesos. Por tanto, encontraremos divergencias cuando el dato del volumen sea muy alto y la variación del precio no; o cuando siendo el dato del volumen muy bajo, la variación del precio sea alta.

Este dato también es útil cuando queremos hacer un análisis del *pre-market*. Me explico. Un mismo activo se opera en distintas sesiones según el huso horario en el que se encuentre cada región. Así, podemos distinguir tres sesiones bien diferenciadas y podemos identificarlas de un simple vistazo usando el dato del volumen; a saber: sesión europea (de 09:00 a 15:30 h), sesión americana (de 15:30 a 22:30 h) y sesión asiática (de 22:30 a 09:00 h) todas ellas en huso horario GTM +2, es decir, la zona horaria de Madrid (Figura 52).

Figura 52. Distinción de sesiones europea, americana y asiática en huso horario GTM +2 en el NASDAQ100 en gráfico M15 (extraído de la xStation5 de XTB)

La primera de las flechas indica el inicio de la sesión americana, le sigue el inicio de la asiática y en la tercera la europea. Resulta evidente que los operadores norteamericanos son muchos más que en el resto del planeta y más activos. Si, por ejemplo, vivimos en Europa y queremos operar el DAX30 (índice alemán), es de esperar que encontremos la mayor cantidad de actividad de negociación de este activo durante la sesión europea. Por tanto, si operamos en la sesión europea, el *pre-market* estará constituido por la sesión americana y, en menor medida, la asiática. Analizamos el *pre-market* identificándolo de un vistazo con el volumen para plantear posibles escenarios futuros en base a lo que ocurrió en sesiones pasadas.

Vistos los fundamentos del volumen, volvamos a Wyckoff y las fases que identificó en los procesos de acumulación y distribución.

FASES DE ACUMULACIÓN Y REACUMULACIÓN

Comenzamos con los procesos de **Acumulación** (Figura 53). Como ya anticipé hace algunos párrafos, en un proceso de acumulación las "manos fuertes" hacen sus compras en distintos momentos acumulando posiciones. Cuando efectúan la última, inducen un fuerte movimiento al alza y aprovechan esta manipulación para beneficiarse de la tendencia alcista posterior con la llegada de nuevos inversores minoristas que se suman al movimiento. Este será nuestro objetivo como *traders* independientes: identificar cuál será la dirección que quiere tomar el "dinero inteligente" y sumarnos a él.

Los procesos de acumulación suelen dividirse en cinco grandes fases y dentro de ellas suceden distintos eventos, aunque aquí no veremos en detalle todos ellos.

La primera de las fases es la **Fase A** donde se produce la parada de la tendencia bajista previa acompañada de un alto "volumen de parada", conocido como **Clima de Ventas** o *Selling Climax*. Justo después se produce una **Reacción Alcista** o *Automatic Rally* con menor volumen que el anterior que nos señala el límite máximo del rango del proceso de acumulación. Este máximo marca la línea de **Creek** que actuará como resistencia para el movimiento del precio en los procesos de acumulación y reacumulación. Dos eventos clave suceden en la Fase A: *Selling Climax* (mínimo del rango) y *Automatic Rally* (máximo del rango).

En la **Fase B,** la segunda de ellas, el movimiento del precio se producirá de manera acotada entre el máximo y el mínimo determinados en la Fase A. Esta fase es la más larga de las cinco y no podemos determinar un tiempo concreto de duración, sino que deberemos compararlo de forma relativa con el resto de fases y esperar a que se produzcan eventos específicos y característicos de la siguiente fase. Es la fase donde se construye la causa.

En la **Fase C,** la más corta de todas, se producen dos eventos muy relevantes porque nos señalan que el proceso de acumulación está a punto de resolverse. El primero de ellos es la **Sacudida Bajista** o *Spring,* también conocido como *Shake Out* (sacudida) o **Barrido de Stops.** Es un testeo rompiendo los mínimos de las Fases A y B. Aquí las "manos fuertes" pretenden barrer los *stops* de los inversores minoristas conocedores de la "regla" que dice que debemos colocar el *stop loss* por debajo del último mínimo descendente. ¿Lo recuerdas? Esta es la jugada que llevan a cabo, se apropian de esas posiciones barriendo *stops* y, a continuación, prosiguen su movimiento al alza. Es decir, llevan a cabo un test del mínimo del rango para comprobar si hay vendedores en ese nivel de precio, de este modo ellos se aseguran un mejor precio de compra más barato y agotan la oferta a ese nivel. Este primer evento de la Fase C suele ser muy agresivo, muy volátil, muy rápido y abrupto. Por ello, a menudo, se identifica con una vela bajista con una gran mecha o sombra inferior. Después puede producirse un re-testeo de la misma zona tras una pequeña subida realizando uno o varios apoyos en ese nivel de precio que actuará a modo de soporte.

En la **Fase D** se produce el inicio de la tendencia alcista dentro del rango establecido por el *Selling Climax* y el *Automatic Rally* y llega a sobrepasar la línea del *Creek* realizando un retroceso posterior y usando ésta como último soporte. Este retroceso se conoce como **Pull Back,** aunque no tiene por qué aparecer siempre.

Por último, en la **Fase E** se produce el movimiento tendencial alcista fuera del rango. En este punto los últimos vendedores rezagados han perdido su optimismo y aprovechan para salir de sus operaciones en el *Pull Back*. Los más avispados cambiarán de chaqueta y se sumarán a la fiesta alcista junto con el resto.

En los procesos de **Reacumulación** se suceden las mismas fases y eventos, con la única diferencia de que, en lugar de producirse tras una tendencia bajista, se produce tras una fuerte tendencia alcista. Se trata de una parada o descanso en el camino a la cima.

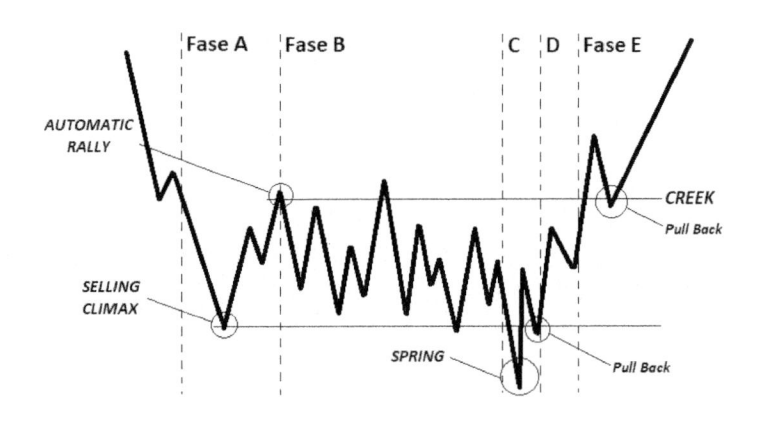

Figura 53. Acumulación: Fases y eventos principales (de elaboración propia)

Los eventos de las fases pueden sufrir algunas variaciones, pero, en esencia, este es el patrón cíclico que realiza el precio según la metodología descrita por Wyckoff.

FASES DE DISTRIBUCIÓN Y REDISTRIBUCIÓN

Veamos el proceso de **Distribución** (Figura 54), que al igual que los anteriores, se dividen en cinco grandes fases y, en la práctica, los mismos eventos, aunque cambie la nomenclatura de estos últimos.

La primera de las fases es la **Fase A** donde se produce la parada de la tendencia alcista previa acompañada de un alto "volumen de parada", conocido como **Clima de Compras** o *Buying Climax.* Justo después se produce una **Reacción Bajista** o *Automatic Reaction* con menor volumen que el anterior que nos señala el límite mínimo del rango del proceso de distribución. En este caso, este mínimo marca la línea de *Ice* que actuará como soporte para el movimiento del precio en los procesos de distribución y redistribución. Dos eventos clave que suceden en la Fase A: *Buying Climax* (máximo del rango) y *Automatic Reaction* (mínimo del rango).

En la **Fase B,** la segunda de ellas, el movimiento del precio se producirá de manera acotada entre el máximo y el mínimo determinados en la Fase A. Esta fase es la más larga de las cinco e, igualmente, no podemos determinar un tiempo concreto de duración, sino que deberemos compararlo de forma relativa con el resto de fases y esperar a que se produzcan los eventos característicos de la Fase C. Del mismo modo, esta es la fase en la que se construye la causa.

En la **Fase C,** la más corta de todas, se producen dos eventos muy relevantes porque nos señalan que el proceso de distribución está a punto de concluir. El primero de ellos es la **Sacudida Alcista** o ***Upthrust After Distribution,*** también conocido como ***Shake Out*** (sacudida) o **Barrido de *stops*.** Es un testeo rompiendo los máximos de las Fases A y B. Aquí las "manos fuertes" pretenden barrer los *stops* de los inversores minoristas conocedores de la "regla" de colocar el *stop loss* por encima del último máximo ascendente. Llevan a cabo un test del máximo del rango para comprobar si hay compradores en ese nivel de precio, de este modo ellos se aseguran un mejor precio de venta más caro y agotan la demanda en ese nivel. Este primer evento de la Fase C suele ser muy agresivo, volátil, rápido y abrupto. A menudo, se identifica con una vela alcista con una gran mecha o sombra superior. En segundo lugar, puede producirse un re-testeo de la misma zona tras una pequeña caída realizando uno o varios rebotes del precio en ese nivel de precio que actuará como resistencia.

En la **Fase D** se produce el inicio de la tendencia bajista dentro del rango establecido por el *Buying Climax* y el *Automatic Reaction*, que llega a sobrepasar la línea de *Ice* realizando un retroceso posterior y usándola como última resistencia que, igualmente, se conoce como **Pull Back.** Este último evento no tiene por qué aparecer siempre.

En último lugar, en la **Fase E** se produce el movimiento tendencial bajista fuera del rango. En este punto los últimos compradores rezagados han perdido su optimismo y aprovecharán para salir de sus operaciones en el *Pull Back*. Los más avispados cambiarán de chaqueta y se sumarán a la fiesta bajista junto con el resto.

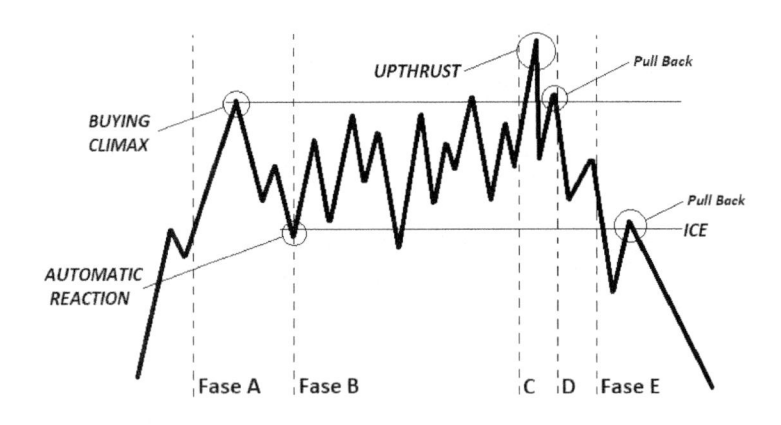

Figura 54. Distribución: Fases y eventos principales (de elaboración propia)

En los procesos de **Redistribución** se suceden las mismas fases y eventos, con la única diferencia de que, en lugar de producirse tras una tendencia alcista, se producen tras una fuerte tendencia bajista. Se trata de una parada o descanso en el camino hasta el valle.

Como es lógico, no se puede predecir el resultado tanto de los procesos de acumulación o reacumulación como de los de distribución o redistribución. No será hasta que se desarrollen todos los eventos que descubriremos como concluyen cada uno de ellos. Por este motivo, identificar los momentos claves es de vital importancia si quieres o pretendes operar con éxito mediante el método Wyckoff. En mi opinión, hay tres momentos concretos más sencillos de identificar que el resto. La idea de *trading* sería localizar una vela con un alto volumen "de parada" tras una fuerte tendencia bien definida para identificar el *Selling Climax* o el *Buying Climax* y entrar en largo hasta el *Automatic Rally* o en corto hasta el *Automatic Reaction,* respectivamente. Una segunda idea de uso en nuestra operativa algo más ambiciosa surgiría en la Fase C esperando el *Spring* o el *Upthrust* (la sacudida) y entrar en largo o en corto, respectivamente, y dejar correr las ganancias atrapando la Fase D y E donde el movimiento del precio es casi netamente tendencial. Para finalizar, el último momento, algo más conservador, sería entrar en la ruptura del rango o la línea de *Creek* o *Ice.* Si te fijas, las estructuras que hemos estado estudiando no son muy diferentes de los dobles o triples suelos y techos. Si recuerdas, éstos se activaban en la ruptura del *neckline* y marcábamos como objetivo la proyección de la altura del techo o suelo. Algo similar podríamos esperar de estas estructuras.

INDICADORES DE VOLUMEN

Ahora sí, una vez estudiado el volumen, podemos abordar los indicadores de volumen que no son más que un dato secundario derivado del volumen. En concreto, vamos a estudiar el Perfil de Volumen y el VWAP.

El **Perfil de Volumen** o *Volume Profile* funciona del mismo modo que el volumen, solo que, en este caso, nos indica un volumen en relación a un nivel de precio concreto. Es decir, mientras que el volumen nos indicaba la cantidad de títulos o contratos negociados en un periodo de tiempo determinado, el Perfil de Volumen nos indica la cantidad de títulos o contratos negociados en un nivel de precio concreto.

Se grafica con un histograma de barras horizontal sobre la cotización del precio y se distribuye como una campana de Gauss, diferenciando tres partes: la **VAH** o *Value Area High* (Área de Valor Alta), el **POC** o *Point Of Control* (Punto de Control) y la **VAL** o *Value Area Low* (Área de Valor Baja).

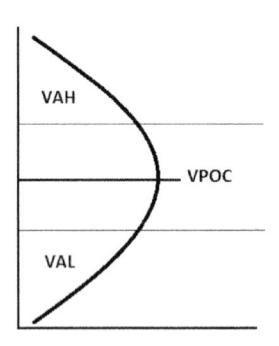

Figura 55. Esquema de Perfil de Volumen (de elaboración propia)

La teoría nos dice que el precio siempre busca un punto de equilibrio donde se ajuste al valor real del activo que se opera. Este punto se encuentra en el POC, por tanto, el precio irá en busca de ese nivel de precio. Este dato es muy usado por las "ballenas" que, para obtener un buen precio de compra, introducen sus operaciones en la zona VAL; y, para obtener un buen precio de venta, introducen sus operaciones en la zona VAH, con la idea de que el precio regrese al Punto de Control (POC). Es por esto que el POC se usa como un importante nivel de soporte y resistencia, normalmente, de una sesión a otra.

El histograma del Perfil de Volumen se puede modificar aumentando o disminuyendo el número de barras horizontales que queremos que nos muestre a placer. Cuanto mayor sea este parámetro mayor exactitud nos ofrecerá el dato que tendremos que interpretar. Por otro lado, el Perfil de Volumen podemos aplicarlo en el gráfico de precios de cualquier temporalidad, pero cuanto mayor sea ésta menor será la precisión del dato. Por tanto, si bien podemos aplicarlo en la misma temporalidad que vayamos a operar, la idea de *trading* para su uso sería aplicarlo a las distintas sesiones diarias para obtener una visión panorámica de lo que ha sucedido de un día para otro y operar en temporalidades más bajas, buscando, como las "ballenas", oportunidades de compra por debajo del VPOC y oportunidades de venta por encima del mismo.

Fíjate en la Figura 56, la plataforma TradingView nos muestra un nivel de precio que actúa como zona pivote, primero como resistencia y más tarde como soporte hasta en dos claras ocasiones en la acción del Banco Santander desde el día 14 de diciembre de 2020 hasta el 24 de septiembre de 2021 en gráfico D1 con una línea recta menos marcada.

Figura 56. *Volume Profile* en la acción del Banco Santander desde el 14 de diciembre de 2020 hasta el 24 de septiembre de 2021 en gráfico D1 (extraído de la plataforma TradingView)

Además, te he marcado otro VPOC "secundario" de un tramo más pequeño del gráfico. En ambos casos, fíjate como la cotización del precio se mantiene más tiempo en torno a estos niveles de precios.

El **VWAP** o ***Volume Weighted Average Price,*** cuya traducción literal es Precio Medio Ponderado por Volumen, nos indica un volumen medio de las transacciones de títulos o contratos negociados en un momento determinado. Este indicador es, en rigor, un derivado del dato de Volumen que no tiene capacidad predictiva, pero sí una gran utilidad para conocer las intenciones de las cuentas institucionales, dado que se usa habitualmente por éstas de forma intradiaria para entrar bien al mercado. A diferencia del VPOC, que se representaba como una línea recta horizontal en un nivel de precio concreto, el VWAP se representa como una línea dinámica similar a una media móvil, también sobre la cotización del activo (Figura 57).

Figura 57. **VWAP en la acción del Banco Santander en gráfico M15 (extraído de la plataforma TradingView)**

Al igual que el *Volume Profile,* la idea de *trading* para usar el VWAP podría ser la misma: comprar por debajo del VWAP y vender cuando el precio del activo se encuentre por encima de éste.

Ambas, individual o conjuntamente, combinadas con soportes y resistencias pueden ser herramientas muy potentes para aplicar en nuestra operativa de *trading*. El problema está en que son indicadores que no están disponibles en todas las plataformas de *trading* y, muchas de las que los ofrecen, te hacen pagar por ellos una pequeña cuantía adicional por usarlos. Sin embargo, existe una solución a este problema. TradingView es una plataforma de *trading* de libre acceso que ofrece éstas y muchas otras herramientas de forma gratuita. Solo necesitarás hacer un registro común para abrir una cuenta en la plataforma y podrás usarlas para realizar tus análisis. Después, aplica ese análisis ejecutando tus operaciones en tu plataforma de *trading* habitual. Es una solución algo incómoda, pero de esta forma podrás valorar si te resulta útil la información de los indicadores de volumen y, en caso afirmativo, tomar el pago de esas herramientas como un gasto más de tu negocio de *trading*. Como cualquier otro negocio, el *trading* tiene sus gastos.

Hagamos un esquema rápido antes de continuar:

Leyes Fundamentales de Wyckoff:
- Ley de Oferta y Demanda: queda registrada con el Libro de Órdenes, en las columnas *Bid-Ask*.
- Ley de Causa y Efecto: nada sucede por nada, todo sucede por algo.
- Ley de Esfuerzo y Resultado: sin esfuerzo no puede darse el resultado.

Fases Psicológicas del mercado.

Fases técnicas del mercado:
- Acumulación y Reacumulación tras tendencia bajista y tendencia alcista, respectivamente:
  - Fase A: *Selling Climax* y *Automatic Rally*.
  - Fase B: testeos dentro del rango.
  - Fase C: *Spring* o *Shake Out*.
  - Fase D: inicio de tendencia dentro del rango y *Pull Back* al *Creek*.
  - Fase E: inicio de tendencia fuera del rango.

- Distribución y Redistribución tras tendencia alcista y tendencia bajista, respectivamente:
    - Fase A: *Buying Climax* y *Automatic Reaction*.
    - Fase B: testeos dentro del rango.
    - Fase C: *Upthrust* o *Shake Out*.
    - Fase D: inicio de tendencia dentro del rango y *Pull Back* al *Ice*.
    - Fase E: inicio de tendencia fuera del rango.

Indicadores de Volumen:
- Volumen: histograma de barras verticales sobre el gráfico de precios.
    - Armonía.
    - Divergencia.
- Perfil de Volumen o *Volume Profile:* histograma de barras horizontales sobre el gráfico de precios.
    - VAH o *Value Area High* (Área de Valor Alta).
    - POC o *Point of Control* (Punto de Control).
    - VAL o *Value Area Low* (Área de Valor Baja).
- VWAP o *Volume Weighted Average Price:* volumen promedio de títulos o contratos negociados en un momento determinado.

SISTEMAS DE *TRADING* Y *BACKTESTING*

Ha llegado el momento de aprender a ejecutar nuestra operativa de una forma cuantificable, estadística, matemática. Muchos operadores basan sus operaciones en datos macroeconómicos, análisis discrecional o técnico, y están bien ejecutadas porque no importa tanto el momento exacto y preciso de entrada y salida del mercado. Sus beneficios o pérdidas no dependerán del *timing* que escojan sino de un análisis fundamental acertado o no. Sin embargo, cuando hablamos de *swing trading* o *trading* intradía, a medio-corto plazo, el *timing* cobra importancia y será cada vez mayor cuanto menor sea la temporalidad en la que trabajemos. Por ello, cuando hacemos uso de datos medibles, como los indicadores del Análisis Cuantitativo, lo mejor es trabajar una serie de reglas operativas con las que construir nuestro Sistema de *Trading*.

Una idea de *trading* podemos usarla para entender el concepto de un indicador, instrumento o herramienta y su funcionamiento. Una estrategia de *trading* está basada en reglas operativas fijas y determinadas, es un **Sistema de Trading.** No dejamos nada al azar, prevemos todos los posibles escenarios y qué acción tomaremos en cada uno de ellos si es que llegan a producirse. El ***set up*** o **condiciones** que requerirá tu sistema está compuesto por ese conjunto de reglas operativas. Por ejemplo, como ya vimos en el capítulo de nuestro "Diario de *Trading*", las reglas operativas definen la colocación del *stop loss* y el *take profit*, la relación riesgo/beneficio, el momento de entrada y de salida y en base a qué indicadores o patrones realizaremos éstas.

A continuación, te dejo un ejemplo de sistema de *trading* (no probado) donde determino cada uno de los puntos mencionados. Es lo más recomendable para cualquier principiante como nosotros trabajar de esta manera, ya que facilita mucho la toma de decisiones. Aún así, es bastante más complicado de lo que parece llevar a cabo tu plan de *trading* a la perfección, dado que es imposible hacer una gestión perfecta de tus emociones, del miedo y de la codicia.

SHAS (SCALPING HEIKIN ASHI STRATEGY)

Hemos llegado al kit de la cuestión. Y ahora, ¿qué estrategia uso para mi operativa? Como habrás podido comprobar hay infinidad de estrategias y formas de operar en el mundo del *trading*. En mi caso, estuve mucho tiempo buscando alternativas, indicadores, instrumentos, plataformas, brókeres. Etcétera. Con la única finalidad de hacerlo de forma rápida y sencilla. Como ya he dicho, a la hora de operar debes estar en sintonía con el mercado, y la única manera de conseguir esto es estando cómodo cuando realizas tus *trades,* confiando en que la estrategia funcionará según tu plan de *trading*. Debes adaptar tu operativa a tu personalidad, no al contrario.

En mi caso, soy una persona impaciente, necesito obtener los beneficios de mi trabajo, de mi operativa, en el menor tiempo posible. De esta forma consigo lo que realmente buscaba en el momento de iniciarme en la inversión. Dedicar poco tiempo de mi día de *trading,* obtener mi resultado y disfrutar el resto. Además, tengo bastante aversión al riesgo, es uno de los puntos que tuve que trabajar mucho y, de hecho, sigo haciéndolo. Es por esto que me decidí por el *scalping,* concretamente realizo mis *trades* en gráficos de 5 minutos. Esto, sin embargo, es un arma de doble filo. Si bien haciendo *scalping* el riesgo por operación es mucho menor, hay posibilidad de hacer más operaciones y, por tanto, el riesgo se multiplica por cada una de ellas.

¿Por qué en el S&P500? El S&P500 *(Standard & Poor's)* es el índice de las 500 empresas de mayor capitalización bursátil de los Estados Unidos de América. Es decir, es el lugar idóneo para operar, donde entra la mayor cantidad de dinero en cada sesión, tanto de manos fuertes como débiles. Por tanto, obtengo un elemento de suma importancia para mi forma de operar: volatilidad. El rango de movimiento del precio es extremadamente rápido (aceleramos el tiempo de la operación) y consigo la posibilidad de obtener más *pips* en el mismo período de tiempo. Este movimiento extremo lo compenso usando gráficos de 5 minutos. No te recomiendo operar en gráficos de *time frame* inferior, ni ahora que eres principiante, ni después. En mi opinión, no merece la pena. Además, este índice, por lo general (según el bróker que uses), es el que menor *spread* tiene (en el momento de escribir estas líneas tiene un *spread* de solo 0,5 *pips*). Esto nos da la seguridad de que, si la operación nos va en contra, la pérdida será menor y si, por el contrario, nos va a favor, las ganancias serán mayores. Por otro lado, opero un CFD que me ofrece mi bróker de este índice para que el capital invertido sea menor y pueda beneficiarme del apalancamiento sin hacer locuras.

Bien, una vez explicado los motivos por los que me decidí por escoger los elementos antes mencionados para mi operativa voy a explicarte como la llevo a cabo.

Como ya te he explicado, el gráfico *Heikin Ashi* es una representación de la acción del precio distinta a la de las velas japonesas tradicionales o *candlestick*. Eliminamos el ruido del mercado, simplificamos. Pero necesitamos establecer unas reglas de entrada y salida de la operación. Vamos a verlas.

Operamos solo en la apertura de la sesión: recordemos que por "apertura" nos referimos a las 2 primeras horas de la sesión y que, dependiendo del activo que vayamos a operar, la sesión comienza en distintas horas del día. Te las recuerdo según el horario de España:

- Sesión Europea: de 09:00 a 15:30 h.
- Sesión Americana: de 15:30 a 22:30 h.

- Sesión Asiática: de 22:30 a 09:00 h.

Entradas: entraremos en la apertura de la segunda vela si esta sigue la tendencia de la vela previa. Simplifiquemos:

- Si la vela previa es alcista, entramos en largo.

- Si la vela previa es bajista, entramos en corto.

Salidas: saldremos de la operación en el cierre de la segunda vela en nuestra contra:

- Si tenemos una posición abierta en largo, saldremos de la operación en el cierre de la segunda vela bajista que aparezca.

- Si tenemos una posición abierta en corto, saldremos de la operación en el cierre de la segunda vela alcista que aparezca.

Gestión del riesgo: esta parte es muy fácilmente modificable. Como sabes, debes adaptarlo a tu personalidad. En mi caso opero con un ratio riesgo/beneficio de 1:2:

- *Stop Loss:* es fijo, en principio -5 *pips*. Si el mercado quiere darme la razón que lo haga, pero ya. Si no quiere dármela, perfecto; pero no quiero que ande indeciso. Nuestra operación nos va a favor, ya hemos obtenido algunas ganancias. Vamos a protegerlas. Si por cada operación estoy arriesgando 5 *pips,* le pido al menos 10 *pips* de ganancias, por tanto, a partir de esta cifra podemos realizar un *Stop Loss dinámico* o *trailing Stop* por cada vela adicional que nos vaya dando el precio, situándolo justo por debajo de la apertura de la vela previa.

- *Take Profit:* no sabemos qué es eso. No tenemos. Deja correr tus ganancias. Controla tus emociones. Sigue al pie de la letra tu plan de *trading*.

Ya tenemos las reglas establecidas. Vamos a ver algunos ejemplos. Fíjate en la imagen (Figura 58). Son dos entradas en la apertura de la sesión americana del S&P500 en un gráfico *Heikin Ashi* 5 minutos el día 19 de agosto de 2021.

Figura 58. SHAS en el S&P500 en gráfico M5 (extraído de la xStation5 de XTB)

Como puedes ver la primera entrada se realiza justo en la siguiente vela *Heikin Ashi* después de la apertura. Como la primera vela (la de apertura) es alcista, entramos en largo en los 4.370,0 puntos básicos, colocando nuestro *Stop Loss* 5 *pips* por debajo de nuestro precio de entrada en los 4.365,0 puntos básicos. El cierre de nuestra operación llega con la segunda vela en contra (bajista) en los 4.390,0 puntos básicos.

Tan solo 20 minutos después de cerrar la primera operación, el gráfico nos señala la segunda entrada, justo después de una vela de indecisión clara. Como ya explicamos anteriormente, la probabilidad de reversión de la dirección del precio aquí es muy alta. Entramos en la siguiente vela en largo en los 4.382,5 puntos básicos por dos motivos: por la alta probabilidad de giro (reversión del movimiento del precio) y por el color de la vela (verde), alcista. Situamos nuestro *stop loss* en los 4.377,5 puntos básicos (5 *pips* por debajo de nuestra entrada). Finalmente, la operación la terminamos en los 4.395,0 puntos básicos con el cierre de la segunda vela *Heikin Ashi* en nuestra contra.

Con esta segunda operación termina nuestra sesión del día. Y quizás te estés preguntando por qué no seguimos operando en un entorno tendencial tan claro como el que estamos viendo, en este caso, alcista. Sencillo. Nuestro tiempo designado son las dos primeras horas de la sesión desde su apertura, de 15:30 a 17:30 h. Observa las dos líneas verticales que he colocado para delimitar este periodo. Justo en el cierre de nuestra segunda operación termina, y "a toro pasado" vemos cómo podríamos haber realizado una tercera operación ganadora, pero esto que vemos es pasado; en el momento de la operativa no sabemos qué pasará, por lo que dejamos de operar ajustándonos a nuestro plan de *trading*. Además, recuerda que decidimos operar con el máximo volumen posible y beneficiarnos de la alta volatilidad del movimiento. Fíjate en el histograma de barras de abajo que nos indica el volumen por cada período de 5 minutos: al inicio de la sesión hay 147.163 contratos casándose, mientras que en el cierre de nuestro período designado de 2 horas los contratos casados bajan a 73.719, casi la mitad respecto al inicio. No nos interesa un entorno donde el movimiento del nivel del precio muy probablemente no sea amplio.

Si hacemos los cálculos, observamos que en la primera operación hemos obtenido un beneficio de +20,6 *pips,* y en la segunda +12,5 *pips.* Un total de +33,1 *pips.* Teniendo en cuenta que, por lo general, intento pedirle al mercado un beneficio de, al menos, 10 *pips,* ¡no está nada mal! Pero no corras, no quiero engañarte. Por si no lo recuerdas, la representación gráfica con *Heikin Ashi* no es exacta a la acción del precio como sí ocurre con la representación de velas japonesas tradicionales, por lo que estos resultados no son reales. Veamos entonces qué ha ocurrido realmente en un gráfico de velas japonesas.

Para hacer la comparación de ambos gráficos (Figura 59) he mantenido las indicaciones del anterior. Observa que las flechas que nos indican la vela donde entramos y salimos son las mismas. Del mismo modo, los *stop loss* y *take profit* se mantienen. Con este nuevo gráfico vemos que el precio al que entramos y salimos de la operación no tiene nada que ver con los niveles de precios según nuestro gráfico *Heikin Ashi*. De hecho, los *stop loss* tienen una distancia mayor a los 5 *pips* que teníamos establecidos de forma fija.

Figura 59. Comparación del nivel de precio entre los gráficos de velas tradicionales y de velas *Heikin Ashi* (extraído de la xStation5 de XTB)

Entonces, ¿cómo puedes decir que estás siguiendo las reglas establecidas? Pues verás, realmente sí que respeto las reglas que establecimos. Las respeto con relación al gráfico que operamos: *Heikin Ashi*. Y nuestra operativa, nuestras entradas y salidas se trabajan sobre este gráfico y no otro. Pero déjame que te enseñe los resultados "reales" de estas dos operaciones.

	OPERACIÓN 1	**OPERACIÓN 2**	
HEIKIN ASHI	4.370,0	4.382,5	Apertura Op.
	4.365,0	4.382,5	*Stop Loss*
	4.390,6	4.395,0	Cierre Op.
VELAS JAPONESAS	4.382,1	4.387,3	Apertura Op.
	4.365,6	4.378,2	*Stop Loss*
	4.387,7	4.396,2	Cierre Op.

Es decir, realmente estuvimos arriesgando -16,5 *pips* en la primera operación, consiguiendo finalmente una ganancia de +5,6 *pips*. Mientras que en la segunda operación arriesgamos -9,1 *pips* y conseguimos +8,9 *pips* de beneficio. Un total de +14,5 *pips*. Por lo tanto, el ratio riesgo/beneficio no es realmente 1:2; el ratio real con el que trabajamos es de 3:1 (en la primera operación) o, en el mejor de los casos, de 1:1 aproximadamente (en la segunda operación).

¿Cómo es posible que esta estrategia sea ganadora entonces? La respuesta a esta pregunta es su alto porcentaje de acierto, es decir, es cierto que cada vez que realizas una operación estás dispuesto a ganar mucho menos de lo que arriesgas y, por tanto, cuando pierdes, la cantidad puede asustar. El motivo que hace ganadora a esta estrategia es que se aciertan muchas más operaciones de las que se fallan. Entonces, ¿funciona realmente? Compruébalo por ti mismo, pero siempre en simulado o demo.

Esta estrategia está inacabada. Antes de implementar cualquier estrategia en tu plataforma de *trading* toca trabajar la estadística haciendo *Backtesting* de la misma.

El **Backtesting** no es otra cosa que la comprobación (testeo) de tu estrategia, según los parámetros o axiomas establecidos, en datos pasados. Y, como no podía ser de otra manera, necesitaremos una muestra lo suficientemente extensa como para validar la esperanza matemática positiva que, *a priori*, creemos que tiene nuestro sistema. ¿Recuerdas la Ley de los Grandes Números? Si quieres refrescar la memoria puedes leer de nuevo ese capítulo. Pero, en resumen, se trata de aprovechar esa ventaja estadística si es que nuestro sistema nos la ofrece y, para comprobar si es viable o no, deberemos testear qué sucede aplicando el sistema, al menos, en mil operaciones.

Esto es, hacer un *backtest* de nuestro sistema. Si después de hacerlo obtenemos resultados positivos, entonces podremos comenzar a probarlo en una cuenta demo. Y si seguimos obteniendo resultados positivos después de mil operaciones en una cuenta demo, entonces podremos comenzar a implementarlo en una cuenta real.

Dicho esto, no quiero dejar pasar la siguiente advertencia. Nuestra mente nos juega malas pasadas cuando estamos testeando un sistema de *trading* porque, en ocasiones, no seremos estrictos en el *set up* que habremos determinado. Es decir, localizaremos una posible entrada y más tarde veremos que esa entrada habría terminado fracasando; nos diremos a nosotros mismos que "en realidad no habríamos tomado esa entrada por los motivos que consideremos en ese momento", excusándonos, sesgando así el resultado del *backtest,* sin obtener un resultado real, sin sesgos, del mismo. Simplificando, falsearemos la prueba. Por ello, debes intentar ser lo más riguroso que te sea posible cuando estés en esta fase del proceso. Además, una vez realizado el *backtesting* de tu sistema, si dispones de esta posibilidad, es recomendable enseñarle las reglas operativas que has determinado y el periodo de tiempo en el que realizaste el *backtest* a un tercero imparcial que conozca el mundo del *trading,* para que éste haga una comprobación paralela del sistema en cuestión. Si las diferencias en los resultados, que las habrá, son de más de un 10-15 % deberíamos entender que hay algo que no hemos hecho bien. Al ser tu sistema, siempre querrás que funcione y no serás del todo objetivo en la toma de entradas y salidas del mercado. Por esto, permitiremos diferencias de entre un 10-15 %, más de eso sería demasiado.

Dijimos: *backtesting,* después en simulado o demo y después en real. Ya hemos pasado la primera etapa. ¿Por qué primero en simulado o en demo? Si ya hay emociones de por medio realizando el *backtesting,* que es simplemente aplicar unas reglas a unos datos estáticos pasados, imagina cómo serán esas emociones cuando los datos sean dinámicos y no dispongamos de tiempo para tomar las decisiones. Ahora imagina si a todo lo anterior añadimos la preocupación de perder, por miedo, todo nuestro dinero o ganar, por codicia, más del que nunca hubiésemos imaginado nunca. La gestión de las emociones es algo que jamás podremos eliminar de la ecuación. De hecho, no interesa eliminarlas, sino aprender a gestionarlas, ya que las mismas emociones que sentimos nosotros al operar las sienten el resto de participantes de los mercados. Es información muy valiosa si sabemos usarla para predecir qué harán los demás y actuar en consecuencia. Practicando una etapa tras otra tratamos de incrementar poco a poco la intensidad emocional que debemos gestionar, acostumbrando nuestra mente a una mayor carga de trabajo cada vez, para que no se sature con un trabajo excesivo sin práctica alguna.

La misma razón de ser tiene comenzar a operar en real con cantidades pequeñas e ir aumentando el número de lotes, títulos o contratos a medida que vayamos sintiéndonos cómodos con las cantidades que operemos.

Volviendo al tema que nos ocupa en este capítulo, se trata de anotar, como en nuestro Diario de *Trading*, todas las operaciones ejecutadas y sus resultados, pero en lugar de hacerlo en tiempo real, en diferido. Puedes escribirme a mi correo electrónico (alberto.j.labajo@gmail.com) y con gusto te pasaré la tabla de Excel que uso yo para realizar el *backtest* de mis estrategias. Lo único que tendrás que hacer para completarla es anotar el capital inicial en la columna de "balance" (en color claro) y los sucesivos resultados absolutos que se vayan produciendo en las filas siguientes de esa misma columna. Es muy simple, pero útil para comenzar a entender el sentido de esta herramienta. Sobra decir que, a menos que tengas conocimientos de programación para aplicar tus reglas operativas en un simulador de forma automatizada, estas comprobaciones tendrás que hacerlas manualmente. Es un trabajo muy tedioso, pero te ahorrará muchos disgustos.

Reglas operativas, sistemas de *trading*, indicadores, estadísticas. Etcétera. Todo ello conlleva una forma automática de hacer *trading*. Manual y automática. Distinto es la automatización de esta forma de operar. Los operadores profesionales, con grandes carteras que gestionar, llevan el *trading* a otro nivel automatizando la operativa mediante la programación de **robots.** Como imaginarás, no están al alcance de todos, puesto que, o bien tienes amplios conocimientos de programación para trabajarlos tú mismo, o bien inviertes tu dinero para que alguien te lo programe. Es evidente que gastarse grandes cantidades en la programación de robots es una inversión que sale a cuenta si prefieres una gestión pasiva fundamentada en el Análisis Cuantitativo, pero para ello, primero debes trabajar para elaborar un sistema de *trading* consistente y rentable.

El esquema simple sería el siguiente:

- *Trading* discrecional mediante:
    - Análisis Fundamental.
    - Análisis Técnico.

- *Trading* automático mediante:
    - Análisis Técnico.
    - Análisis Cuantitativo.

- *Trading* automatizado mediante:
    - Robots basados en Análisis Técnico y Cuantitativo.

OTRAS HERRAMIENTAS DE *TRADING:* SIMULADORES, DEMOS Y *COPYTRADERS*

Operar en simulado no es igual que operar en demo, como tampoco lo es operar en real. Ya hemos hecho hincapié en esta cuestión, pero me gustaría revelarte algunas diferencias más que se dan en la práctica.

La principal ventaja de operar en una **cuenta de simulador** con respecto a hacerlo en una **cuenta demo** es que en la primera no tenemos que esperar delante de la pantalla horas y horas hasta que se cumpla nuestro *set up* para operar. Es decir, una cuenta simulada nos permite testear nuestro sistema de *trading* avanzando el tiempo vela a vela en cualquier temporalidad a placer, con la ventaja de no poner en riesgo nuestro capital. Quien dice avanzar, dice retroceder, pausar o dejar transcurrir el tiempo como si fuese real.

Si bien, en una cuenta demo nuestro patrimonio tampoco corre riesgo alguno, deberemos pasar tiempo delante del ordenador esperando a que se cumplan las condiciones idóneas que hemos definido para entrar y salir del mercado según nuestro sistema de *trading*. Es decir, en una cuenta demo operamos datos de precio actuales en tiempo real con dinero ficticio. En una cuenta de simulador operamos datos de precio pasados con dinero ficticio modificando el tiempo a nuestro antojo.

Los simuladores son, entonces, programas que instalamos en nuestro ordenador que nos dan acceso a una base de datos más o menos grande. Hay muchos en el mercado, son de pago y algunos se venden por fascículos ofreciéndote más o menos datos (como activos, temporalidades, cantidad de tiempo a la que se remonta dicha base de datos, etcétera) según la versión del programa que adquieras. Si haces una búsqueda rápida en Google encontrarás que dos de los más usados son el ForexSimulator y el ForexTester. Ambos tienen varias versiones a tu disposición con similares funcionalidades disponibles, aunque uno de ellos es significativamente más económico que el otro. Puedes entrar en sus sitios web para informarte de qué servicios te ofrecen cada uno de ellos. Compara con el tipo de activo y temporalidad que quieras operar y basa tu decisión en relación a esto y el precio, si es que estás interesado en adquirir un simulador.

Si estás leyendo este libro, probablemente sea porque quieres gestionar tu capital de forma activa. O quizás prefieras hacerlo de forma pasiva o ambas en paralelo. Hoy día existe otra alternativa que muchos brókeres ofrecen a los clientes menos conocedores de todas las herramientas, técnicas y estrategias que hemos estado viendo hasta el momento. Se trata del ***copytrading.***

Algunos brókeres auditan las cuentas de sus clientes, es decir, hacen públicos sus resultados con el fin de que otros clientes o *traders* menos experimentados puedan acceder a ellos e invertir su patrimonio "en ellos". A diferencia de los gestores profesionales que necesitan una licencia para gestionar capital de terceros, los *traders* con cuentas auditadas solo gestionan su propio capital, pero el bróker te muestra sus resultados y, haciendo las veces de intermediario, replica su operativa para que el *copytrader* pueda beneficiarse de ella copiándola. El *trader* auditado, a cambio, se lleva un porcentaje del beneficio que le haya procurado y el bróker otro tanto por ofrecerle el servicio de réplica. Todo ello, en proporción al capital total que haya invertido el *copytrader*.

De esta forma todos los implicados salen ganando. En caso de que el *trader* auditado incurra en pérdidas, éste no percibirá ninguna contrapartida, el bróker seguirá cobrando su respectiva comisión por el servicio y el tercero perderá su inversión.

Si tú, que ya has logrado tener unos resultados consistentes y rentables, no dispones de suficiente capital para "invertir en ti mismo", puedes hacer uso de esta herramienta auditando tu cuenta, tu operativa y ganando un porcentaje de los resultados que le procures a otros inversores que confían en tu buen hacer tradeando.

En caso de que aún no estés en ese punto de técnica y habilidad para ganar a los mercados, pero sí dispones de un patrimonio interesante, deberás tomar la decisión de qué *trader* elegir para copiar. Para ello, debes fijarte en su curva de resultados, qué *drawdown* tiene y si serás capaz de soportarlo, si tiene picos o no "de locura" (todos tienen un mal día), el ratio riesgo/beneficio, los meses o años que termina en ganancias y qué periodo de tiempo ha auditado (no es igual de relevante una cuenta auditada con resultados positivos de dos años que una de ocho).

LA REALIDAD

Hasta ahora todo lo que he ido contándote sobre el *trading* han sido, en su mayoría, herramientas para hacer de tu *trading* una decisión acertada. En ocasiones, habrás visto el cielo abierto, habrás creído descubrir la panacea del *trading* y la inversión. Pero no es así, y si has ido poniendo en práctica algunas de ellas mientras avanzabas en la lectura ya te habrás percatado de ello. Yo sufrí de igual modo. Quizás no hayas practicado nada porque hayas decidido terminar la lectura antes de tomar acción. Sea como fuere, sigo creyendo que hacerte conocedor de todo lo que implica dedicarse a esta actividad, tanto lo bueno como lo malo, es acertado. Buscamos el punto de equilibrio entre la ilusión, la pasión, la esperanza por alcanzar nuestros objetivos y la frustración, la derrota y el fracaso que es posible que aparezca en algún momento del camino si no claudicamos en nuestro empeño.

Tomar consciencia de los posibles riesgos y las posibles ganancias es fundamental para adquirir buenos hábitos en nuestra forma de operar. El problema es que las posibles ganancias son más fáciles y rápidas de asimilar que los riesgos. El mayor de éstos, en mi opinión, es convertirte en un jugador. Cuando tradeamos no jugamos, tradeamos. Cuando accedes a tu plataforma de *trading* no accedes a un casino, accedes a tu plataforma de *trading*. O, al menos, esa es la idea, pero desgraciadamente muchos *traders* principiantes acaban convirtiéndose en jugadores principiantes. Y terminan perdiendo. La diferencia entre un *trader* y un jugador es que el primero depende de lo bien que sea capaz de explotar su ventaja estadística, de su análisis, de los números que haya trabajado. El segundo solo depende del azar y esto podrá salirle bien una o dos veces, pero el final no tardará mucho en llegar.

Un artículo de *Insider Fen* (pseudónimo del autor) titulado "Sobre el análisis técnico y los monstruos que vienen a verme", publicado en el foro InBestia, habla ampliamente sobre técnicas de neuromarketing en el mundo del *trading* y la inversión. En él encontrarás muchos términos que te sonarán a chino como a mí, pero, en general, es muy recomendable leerlo si te interesa profundizar en el tema. En este post, el autor explica que el cerebro humano reacciona de forma adictiva cuando se le ofrece "algo" con aleatoriedad; por ejemplo, las recompensas que conseguirías en una máquina "tragaperras". Sin embargo, cuando ese "algo" es constante, el cerebro lo percibe como algo aburrido y deja de tener interés; por ejemplo, un sueldo fijo a final de mes. Por tanto, lo aleatorio nos suscita excitación, interés, adicción; mientras que la constancia es aburrida. Lo cierto es que, parafraseando a uno de los más grandes de la historia de la inversión, Warrent Buffet: lo aburrido es rentable. Y es que, la industria que se ha creado alrededor del *trading* y la inversión vende esto: inmediatez, riqueza, diversión. Es decir, vende el *trading* a futuros adictos como los juegos se venden a futuros ludópatas.

Además, el artículo mencionaba el interés que nos genera la exclusividad. Si te has fijado, todos los mensajes de advertencia de riesgo de los brókeres te venden, sin percatarte de ello, esa exclusividad. Te dicen que "el 80 % de los inversores pierden dinero" en este o aquel producto financiero para advertirte, pero de forma implícita también te están atrapando en el juego, te dicen que si eres lo bastante bueno puedes llegar a pertenecer a eso otro 20 % minoritario, exclusivo solo de unos pocos, que ganan dinero. Y eso, claro, es lo que queremos todos. Porque para que existan los que ganan tienen que existir los que pierden. Se consciente de ello.

MARTINGALA Y COBERTURAS

¿Cómo evitamos ser los jugadores de un casino que pierden su dinero? ¿Cómo evitamos pasar de ese 80 % que pierde al otro 20 % que gana? Al enseñarte lo que debe ser hecho, te enseño lo que no se debe hacer. Pero, incluso así, hay algunas técnicas que muchos te enseñarán como infalibles. No lo son. No es recomendable ponerlas en práctica como estrategias habituales. De manera que voy a exponerlas para tu conocimiento.

La primera de ellas es el **Martingala,** que recibe su nombre de la región *Martigues,* un pueblo de Francia, donde los jugadores de casino comenzaron a usarla. Consiste en promediar el resultado de una apuesta perdida. Me explico. En el juego de la ruleta tendríamos tres posibilidades respecto a los colores para postar: rojo, negro o verde (el cero). Cuando apostaban al rojo y perdían la apuesta, volvían a apostar al rojo con la esperanza de que el siguiente resultado fuese ganador y, por tanto, disminuir a la mitad la pérdida de la primera apuesta. En realidad, trataban de jugar su ventaja estadística beneficiándose de la Ley de los Grandes Números. Si haces esto en cualquier casino actual lo más probable es que te inviten a salir del edificio "amablemente". En los mercados se usa en el mismo sentido. Algunos operadores venden en corto, por ejemplo, y colocan su *stop loss* en un punto razonable por encima del último máximo creyendo, según su análisis, que el precio bajará. Sin embargo, el mercado no les da la razón y el precio sube, eliminan su *stop loss* y, en lugar de aceptar la pérdida, añaden otra posición de igual cantidad en corto con la esperanza de que el mercado termine dándoles la razón y disminuyan sus pérdidas de la primera posición a la mitad, o concluyan la operación en *breakeven,* o, incluso, acaben sacando ganancias. Cualquiera de los resultados mencionados dependerá de la agresividad o la codicia del operador en cuestión.

Podrías hacerlo tú y puede que te salga bien una, dos o tres veces. La cuarta supondrá una pérdida del doble o el triple de lo que estabas dispuesto a perder con la primera operación y habrás quemado las ganancias del trabajo de todo un día, una semana o un mes. Sino más.

Cuando hacemos el análisis y estudio para colocar una orden con su *stop* de pérdidas y su objetivo, estamos sopesando un ratio de riesgo/beneficio que hemos comprobado que a la larga nos dará una ventaja estadística ganadora. En el momento que eliminamos este *stop loss* e incrementamos la posición sin aceptar la pérdida, la ventaja estadística se esfuma. Y esto supone el principio del fin de nuestra cuenta. Recuerda que no se trata de jugar, sino de tradear.

Pon atención. No confundas el Martingala, es decir, promediar la pérdida, con cargar posiciones cuando éstas ya están dando beneficios. No es lo mismo. En éstas no estamos modificando nuestros *stops* de pérdidas y, por tanto, la ventaja estadística se mantiene. En todo caso, estaríamos asumiendo un nuevo riesgo con cada posición añadida; tratándose de una operación nueva y distinta en cada carga, con su propio *stop loss* y *take profit* independientes de las anteriores.

Entonces, ¿no deberíamos usar esta técnica jamás? No. Digo que no es recomendable usarla por sistema. Digo que en contadas ocasiones podemos recurrir a ella conociendo los pros y contras. Te pongo un ejemplo. Supongamos que nos encontramos en el retroceso de una tendencia, da lo mismo si es alcista o bajista. Y usamos Fibonacci para calcular la posible longitud de dicho retroceso. Como recordarás, lo ideal es que el retroceso se detenga entre el 38,2 y el 50 % de Fibonacci. Si normalmente operamos con 0,10 lotes, en esta ocasión entramos al mercado en el 38,2 % de Fibonacci con 0,05 lotes esperando que reanude la tendencia, pero tenemos la mala fortuna de que el retroceso aún no había terminado.

Esperaríamos hasta que llegase al nivel del 50 % de Fibonacci para entrar con otra posición de 0,05 lotes, es decir, promediando la pérdida de la posición inicial a la baja, y esperaríamos la reanudación de la tendencia, cerrando ambas operaciones cuando superase los máximos o mínimos anteriores dependiendo de si se trata de una tendencia alcista o bajista, respectivamente.

Esta sería una forma razonable de usar el Martingala. Como es lógico, debes ser consciente de que si el retroceso no se detiene entre el 50 y el 61,8 % de Fibonacci ya no estaríamos ante un retroceso sino ante una alerta o señal que nos indica que un posible cambio de tendencia puede estar produciéndose. En este caso, aceptamos la pérdida por ambas posiciones porque ya no tendría sentido continuar promediando las pérdidas a la baja.

La segunda de ellas son las **coberturas** o *hedging,* en inglés. Los Fondos de Cobertura o *Hedge Fund,* como su propio nombre indica, usan esta técnica gracias al conocimiento exhaustivo que tienen del comportamiento de los mercados. Entre los distintos mercados existen lo que se conoce como **correlaciones** y **correlaciones negativas** o **descorrelaciones.** Por ejemplo, el comportamiento de la bolsa coreana está muy correlacionado con la cotización del cobre dado que una gran parte de las empresas que cotizan en este índice se dedican a la fabricación de productos tecnológicos en los cuales se emplea, sobre todo, el cobre como materia prima para la producción de semiconductores usados en los mencionados aparatos electrónicos. Si crece la industria de Corea, el precio de la materia prima se revaloriza. Si el primero baja, el segundo también puede experimentar ese comportamiento (Figura 60).

Figura 60. Comparación entre el Índice coreano y el cobre: correlación (extraído de la xStation5 de XTB)

La descorrelación es el proceso inverso. La reacción del par de divisas Euro vs. Dólar estadounidense (EURUSD), por ejemplo, es inversa al comportamiento del par de divisar Dólar estadounidense vs. Franco suizo (USDCHF) y aquí, en concreto, la descorrelación funciona casi como un perfecto espejo (Figura 61); aunque no es lo habitual, ya que las descorrelaciones solo son una herramienta más de todo el abanico de posibilidades que pueden orientar o inspirar una idea de *trading*. Éste sería el caso del Oro contra el Índice del Dólar o *Dolar Index*, que cotiza el comportamiento del Dólar contra el resto de las divisas más importantes del mundo (Figura 62).

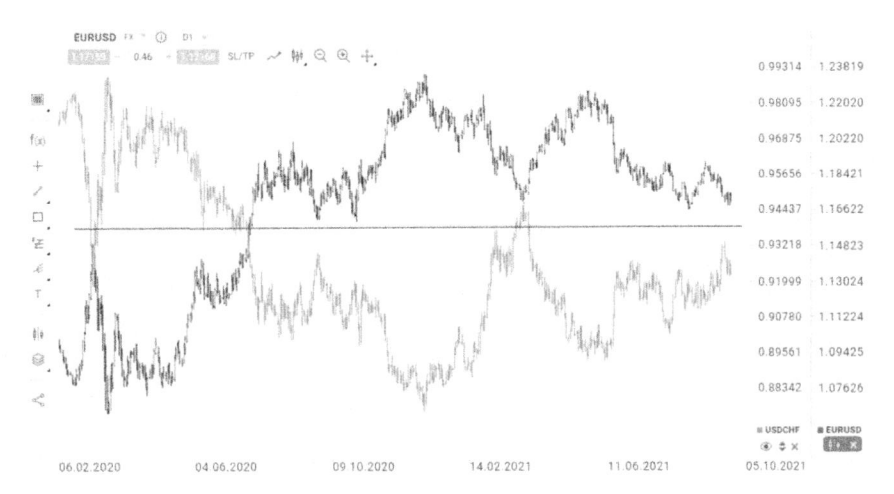

Figura 61. Comparación entre el EURUSD y el USDCHF: descorrelación en espejo (extraído de la xStation5 de XTB)

Figura 62. Comparación entre el Oro y el USDIDX: descorrelación (extraído de la xStation5 de XTB)

De aquí puede extraerse la idea de que el Oro es un valor refugio cuando todo lo demás, en concreto la principal divisa, no funciona. Si el USDIDX sube, el Oro baja y viceversa.

Los Fondos de Cobertura, intentando ganar siempre, en todo momento y circunstancia a los mercados, usan las coberturas para ello. En este caso, imaginemos que el fondo está comprado a largo plazo en el USDIDX; cuando este activo realice un retroceso, para evitar esa pérdida buscarán otro activo descorrelacionado: el Oro. Entran en largo en Oro y compensan la cantidad que pierden en la posición larga del USDIDX. Cuando la corrección del USDIDX termina, salen de su posición en Oro con beneficios y la posición de USDIDX retoma las ganancias al reanudar la tendencia alcista.

Esta es la idea principal de *trading,* la cual puede aplicarse en un corto plazo evitando aceptar pérdidas y aumentando de forma considerable la, ya de por sí, dificultad de ejecución. Es la más sencilla de entender. Con este primer tipo de cobertura, lo que se pretende es "pausar" la operación con respecto a la acción del mercado o darle una segunda oportunidad a la operación sin aceptar la pérdida desde el minuto cero. Para facilitar la exposición la llamaremos **Cobertura de Pausa.** Aunque lo normal es aplicar la cobertura en distintos mercados descorrelacionados, hay numerosas variantes para ponerla en práctica; incluso abriendo sendas operaciones contrarias en el mismo activo. Cualquier variante puede ser modificada de mil maneras, pero siempre exigirá mucho margen de maniobra, esto es, la posibilidad de abrir muchas operaciones al mismo tiempo. Por esto, o bien operamos con un lotaje muy reducido, o bien contamos con un patrimonio muy grande. Sabemos que el mercado siempre es binario: o sube o baja. No cabe otra alternativa. Aunque puede quedarse en tendencia lateral, tarde o temprano terminará subiendo o bajando. Lo difícil es determinar qué dirección tomará, cuándo y por cuánto tiempo. En esta y en cualquier estrategia de coberturas, lo primero que debes saber es que no se trabaja con *stop loss*. A cambio, se abre una segunda posición a favor de la dirección opuesta a la primera para cubrir sus pérdidas, como ya hemos explicado en el ejemplo de antes.

Vamos a ver, con una representación gráfica del movimiento del precio, cómo realizar esta Cobertura de Pausa dentro del mismo activo. Imagina que, según nuestro análisis, decidimos que el precio ha llegado a un buen nivel para entrar comprando. Nuestro *take profit* lo marcamos a 10 *pips* por encima de nuestro punto de entrada y nuestro *stop loss* imaginario estaría a 5 *pips* por debajo, pero no lo colocamos. Resulta que el mercado retrocede después de una pequeña subida. Al llegar al punto donde habríamos colocado el *stop loss*, abrimos una posición de venta contraria a la primera con el mismo lotaje. De esta manera, aunque la cotización del precio siga bajando, la pérdida de la primera posición estará en pausa porque al mismo tiempo que aumentan las pérdidas de ésta, aumentarían las ganancias de la segunda (Figura 63).

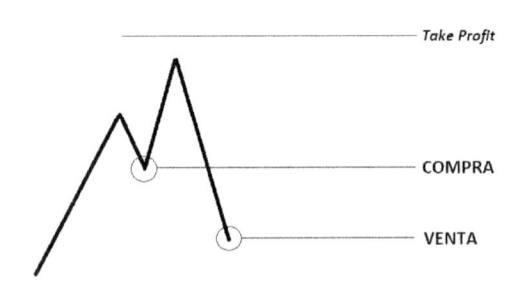

Figura 63. Representación gráfica de Cobertura de Pausa

En este punto, tenemos dos posibles escenarios: que el precio suba de nuevo, en cuyo caso cerraríamos la operación de venta en *breakeven* (Figura 64) y podríamos obtener ganancias de la operación de compra.

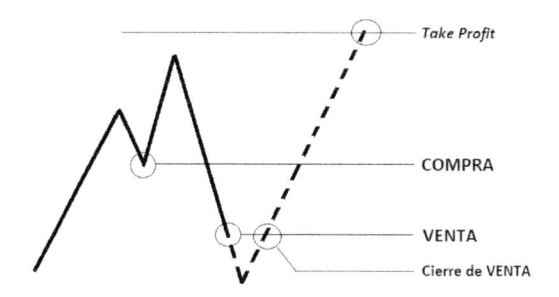

Figura 64. Primer escenario de la Cobertura de Pausa

O bien, que el precio continue bajando, en cuyo caso deberíamos esperar a que recorriese la misma distancia existente entre la primera operación de compra y la segunda de venta para cerrar la compra con 10 *pips* de pérdida (Figura 65).

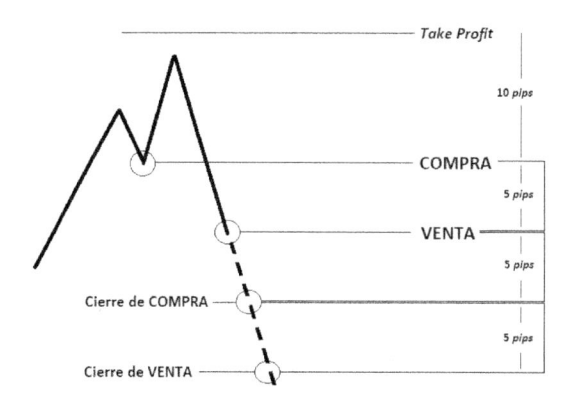

Figura 65. Segundo escenario de la Cobertura de Pausa

En el cierre de la compra, a su vez, tendremos 5 *pips* de ganancia y dejaremos que el precio recorra, de nuevo, la misma distancia para terminar con otros 10 *pips* de ganancia en total, que se traducen en un *breakeven* en el cómputo de ambas operaciones.

Evidentemente, esto no se da de forma tan simple en la práctica. El precio fluctúa numerosas veces, arriba y abajo, y las emociones durante el movimiento pueden jugarnos malas pasadas. En todo caso, no siempre saldrá bien y, además, en este ejemplo estamos eliminando de la ecuación la pérdida "fija" del *spread* por operación, por tanto, en la distancia recorrida por operación deberíamos tenerlo en cuenta. Dominar esta técnica requiere mucho tiempo y práctica.

Al segundo tipo de cobertura que quiero mostrarte la llamaremos **Cobertura de Continuación.** En esta variante, a diferencia de la anterior donde abríamos todas las operaciones con el mismo lotaje, operaremos multiplicando por tres el lotaje de las operaciones inmediatamente anteriores. Como ya dije, necesitaremos mucho margen de maniobra.

Imagina el mismo escenario del ejemplo anterior, en el que ya hemos entrado comprando en largo (1C); esta vez con 0,01 lotes, colocando, del mismo modo, el *take profit* a 10 *pips*. Pongamos que cada 0,01 lotes equivalen a 1 €/*pip*. El precio baja y abrimos una segunda operación vendiendo en corto multiplicando el lotaje anterior por tres, es decir, con 0,03 lotes; y colocamos el *take profit* de la venta, igualmente, a 10 *pips*. Si realizamos los cálculos oportunos, esto nos permitiría cerrar ambas operaciones con un cómputo final de +15 € (Figura 66).

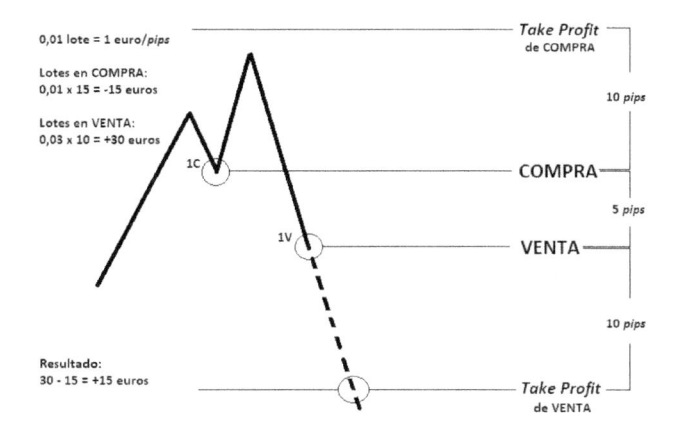

Figura 66. Primer escenario de la Cobertura de Continuación

Ahora, planteemos el segundo escenario. Supongamos que el precio sufre una reversión antes de llegar al *take profit* de nuestra segunda operación (1V). Procederíamos a ejecutar tantas operaciones como nos fuese posible, según nos permita nuestro margen de patrimonio, o tantas como hayamos determinado abrir. La ejecución de la siguiente compra (2C) se haría al mismo nivel de precio que la primera (1C), multiplicando por tres el lotaje de la inmediatamente anterior, es decir, con 0,09 lotes. Y así sucesivamente hasta que el precio alcance alguno de los dos objetivos (Figura 67). Si disponemos de una cuenta muy grande, esta estrategia podríamos extenderla "hasta el infinito", sin aceptar la pérdida, hasta lograr un resultado positivo. El problema es que, como ya imaginarás, el dinero de nuestra cuenta nunca será ilimitado; por lo que, en algún momento deberemos cerrar la estrategia. Y cuantas más operaciones sin objetivo conseguido cerremos, mayores pérdidas tendremos en nuestro balance. Por ello, es necesario definir un número de operaciones máximas donde determinemos que no queremos seguir asumiendo el riesgo de una gran pérdida.

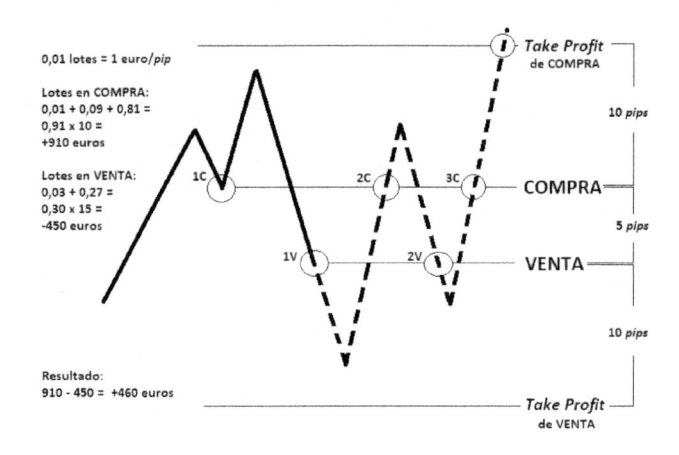

Figura 67. Segundo escenario de la Cobertura de Continuación

Al final, se planteará el tercero de los escenarios posibles. Determinamos que daremos de margen a la estrategia un máximo de 6 operaciones. Veamos qué sucedería si llega a darse el caso.

Con nuestra 5ª operación (3C) el movimiento del precio sigue indeciso, volviendo a revertir la dirección. De este modo, ya no queremos seguir dentro del mercado. Abriremos, entonces, la última operación (3V), pero esta vez no multiplicaremos de nuevo el lotaje de la operación inmediatamente anterior, sino que equipararemos la cantidad de lotes de todas nuestras operaciones de compra con la de todas nuestras operaciones de venta. Por tanto, en la 6ª operación (3V) añadiremos 0,61 lotes. Como resultado obtendremos un lotaje total de 0,91 lotes en la dirección de compra y 0,91 lotes en la dirección de venta.

En este momento ya no ejecutaremos ninguna operación más dejando que el precio realice su trayectoria libremente. Nos enfrentamos a dos posibles resultados: que el movimiento continue en la dirección que tomó a favor de la última operación (3V) o que vuelva a revertir después de ésta. En cualquiera de los dos casos, estaremos aceptando, ahora sí, una pérdida segura de 15 *pips*. En nuestro ejemplo, esos 15 *pips* supondrían 455 € menos en nuestra cuenta (Figura 68).

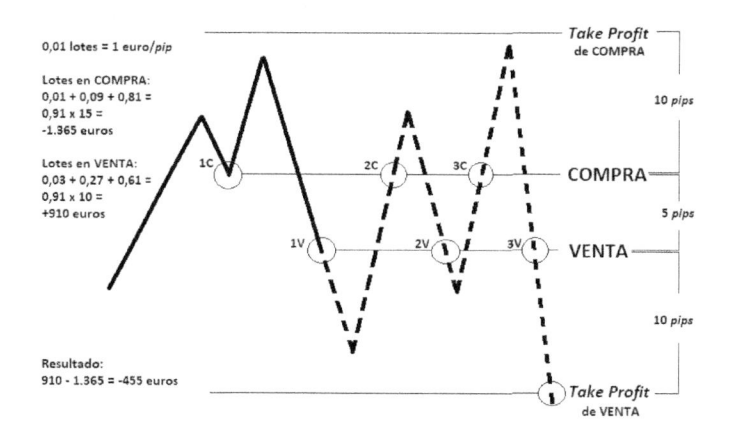

Figura 68. Tercer escenario de la Cobertura de Continuación

De modo que, al final, aceptamos la pérdida que será mucho mayor si aplicamos esta estrategia que si la aceptásemos desde un primer momento. La diferencia entre ambas es que, con la cobertura, damos más oportunidades a la operación original de que tenga éxito. Mantenemos un **flotante negativo** en el balance de nuestra cuenta a la espera de ver cómo se resuelve el movimiento del precio. Esto significa que mantendremos una pérdida que no se hará efectiva hasta que cerremos la operación con la idea de compensarla con el posible beneficio futuro de la siguiente.

Como decía, se necesita mucho tiempo y práctica para dominar esta técnica, además de una cuenta bastante abultada. Fíjate que ejecutamos la operación original con el mínimo permitido, imagina si iniciáramos con un lotaje mayor; las cantidades serían inviables para nuestra modesta cuenta. Y alguien que tenga una cuenta menos modesta no estará interesado en comenzar la estrategia con lotajes tan bajos, puesto que los posibles beneficios serían irrisorios.

La conclusión de todo esto es la siguiente: las coberturas nos aportarán un aumento relevante de las probabilidades de éxito, pero, a cambio, aumentará el riesgo asumido en la misma proporción.

LA REGLA DE ORO: ACEPTA LA PÉRDIDA

La vida es incertidumbre, la vida es *trading*. Desde comprar el pan en la tienda de debajo de tu casa, hasta coger el autobús o el metro, comprar un coche o una vivienda; todo es intercambio, todas son transacciones de un bien por otro bien o servicio, todas son *trading*. Aceptar la pérdida es la regla que intento aplicar a todos los aspectos de mi vida. Pero también es incertidumbre porque no sabemos nunca donde se encuentra el límite entre la perseverancia y la terquedad, entre la constancia y la pura cabezonería. No digo que te rindas a la primera de cambio, pero hay que encontrar un punto en el que parar si no estamos obteniendo buenos resultados.

A menudo, pensamos ser capaces de cualquier cosa. A menudo, incluso, capaces de hacerlo mejor que otros y pertenecer a ese 20 o 10 % del que hablábamos antes. Y esto, que nos ocurre a todos en un momento u otro, se debe al **Sesgo del Superviviente.** Centramos nuestra atención solo en las historias de éxito. De hecho, nos obligan a centrarnos en ellas porque, por lo general, es lo único que se nos muestra. Piensa en la redes sociales. ¿Cuántas *stories* de Whatsapp, fotos de Instagram o publicaciones de Facebook has visto que versen sobre el fracaso? ¿Cuántas personas conoces o sigues que publiquen sus derrotas? Solo compartimos lo bueno, lo que agrada, fingiendo que todo es perfecto. Esto nos provoca la falsa ilusión de creer que podemos conseguirlo todo y si es al instante, mejor. La realidad es que hay otras tantas miles de historias que no llegan a buen puerto que no llegamos a ver.

La realidad es que el *trading* no es para todo el mundo. Puede que no seas capaz de soportar la incertidumbre o el riesgo que conlleva, puede que no dispongas del tiempo o el capital necesario para formarte o ejecutar un buen *trading,* o puede que, simplemente, no seas capaz de desarrollar el conjunto de habilidades idóneas para dedicarte a esta actividad. Vence tus miedos y procura superar los obstáculos que se te presenten, en el *trading* y en la vida. Inténtalo, una y otra vez. Analiza tus errores, aprende de ellos. O retírate si no logras resultados en el tiempo prudencial que estimes para conseguirlos. No caigas en la locura de seguir por seguir, huyendo hacia adelante.

Aceptar la pérdida en el *trading* es el mejor consejo que podré darte, si es que puedo darte alguno. Debes ser ambicioso, sin caer en la codicia; y precavido, sin caer en el miedo.

El doctor Brett N. Steenbarger en su libro *La Psicología del Trading*, el cual recomiendo leer, plantea al final del cuarto capítulo, *Traders fuera de sí*, como la obsesión por tener éxito en el *trading* puede llegar a ser la causa, precisamente, de un *trading* nefasto. Hace mención al "hambre de logros" en el *trading*, a las necesidades ajenas a esta actividad que pretendemos satisfacer con nuestra victoria en los mercados. Si no tienes éxitos en otros ámbitos de tu vida tenderás a vivir solo para tu *trading* y esto se traducirá en fracaso más pronto que tarde.

De uno de los muchos estudios neurocientíficos que comenta extrae la idea de que la personalidad del ser humano está compuesta por distintos "yoes" de la persona mediante un cerebro dividido. De hecho, se sabe que el hemisferio izquierdo de nuestro cerebro, racional y lógico, controla la parte derecha de nuestro cuerpo; mientras que el hemisferio derecho, emocional y creativo, controla la parte izquierda. El doctor Steenbarger expone que el motivo de un posible fracaso en los mercados se produciría por los distintos "yoes" con quienes operamos. Al parecer, es nuestro "yo" a cargo del cerebro izquierdo el que realiza un análisis técnico o cuantitativo de los datos del mercado, de forma lógica, analítica y tranquila, sopesando los pros y contras de cada posible operación; sin embargo, a medida que se desarrolla la operación abierta, favorable o desfavorablemente, toma el control nuestro "yo" a cargo del cerebro derecho, el emocional, intentando satisfacer cuestiones psicológicas propias que nada tienen que ver con el *trading*, adoptando decisiones que no están fundamentadas en los datos estadísticos en base a los cuales habíamos entrado en el mercado. Por esto mismo cobra tanta importancia la definición de todos los elementos de la operación antes de ejecutarla. Así evitaremos que nuestro cerebro derecho participe más de la cuenta en el desarrollo de la operación y la toma de decisiones por emociones encontradas, precipitando una salida del mercado por **miedo** o extendiendo el recorrido innecesariamente por **codicia.**

De modo que, cuando no seamos capaces de gestionar la emoción y nos desviemos de nuestro plan de *trading,* el doctor Brett N. Steenbarger aconseja alejarnos de la pantalla y realizar cualquier otra actividad en la que tengamos éxito. Después volveremos a nuestra operativa, ahora sí, con un estado de ánimo renovado, asociado al éxito en otros aspectos de nuestra vida.

ÚLTIMAS PALABRAS

Esto es todo cuanto sé, al menos de momento, sobre esta apasionante actividad: el *Trading.*

He intentado guiarte paso a paso, con sencillez y humildad, por los mercados y enseñarte las herramientas necesarias básicas que debes conocer para enfrentarte a ellos. Todo cuanto has leído debes tomarlo como conocimiento útil para analizarlo, trabajarlo y corroborarlo por ti mismo a través de la propia experiencia. Ahora toca definir tus reglas operativas, tu plan de *trading,* e intentar implementarlo con la mayor rigurosidad que te sea posible. Se consciente de la realidad que engloba, gestión del ratio riesgo/beneficio, entradas, salidas, objetivos, *stops,* estrategias, indicadores, gestión de emociones. Etcétera. Date tiempo para registrar tus operaciones en tu diario de *trading* y analizarlas. Date tiempo para que se expresen tus resultados. Se paciente.

Solo me queda darte las gracias por dejarme compartir contigo esta aventura. Si tienes alguna duda y está en mi mano ayudarte, no dudes en escribirme a mi correo electrónico. También puedes encontrarme en mi cuenta de Instagram (**@alberto.j.labajo**). Procuraré contestar lo antes posible.

Espero que este material aporte valor y, sobre todo, un punto de equilibrio en tu forma de afrontar la operativa. Piensa a lo grande, inténtalo y falla. Nunca renuncies por culpa de unas expectativas desproporcionadas. Toma consciencia y acción. Puedes apoyarte en manuales, expertos, mentores, *coaches* o colegas de *trading;* pero recuerda que, al final, estaremos solos contra el mercado.

Printed in Great Britain
by Amazon